DEUS ESTÁ NO CONTROLE

Traduzido por ALMIRO PISETTA

Os textos das referências bíblicas foram extraídos da *Nova Versão Transformadora* (NVT), da Editora Mundo Cristão (sob permissão da Tyndale House Publishers, Inc.), salvo indicação específica.

CIP-Brasil. Catalogação na publicação
Sindicato Nacional dos Editores de Livros, RJ

D495

Deus está no controle / Stormie Omartian ...[et al.]; tradução Almiro Pisetta. — 1. ed. — São Paulo : Mundo Cristão, 2017.
160 p.; 15 cm.

Tradução de: Walking with God in the quiet places
ISBN 978-85-433-0193-8

1.Vida cristã. 2. Deus. 3. Religião I. Omartian, Stormie. II. Título.

16-37264 CDD: 248.4
CDU: 27-584

Categoria: Inspiração

Publicado no Brasil com todos os direitos reservados por:
Editora Mundo Cristão
Rua Antônio Carlos Tacconi, 69, São Paulo, SP, Brasil, CEP 04810-020
Telefone: (11) 2127-4147
www.mundocristao.com.br

1ª edição: agosto de 2017
2ª reimpressão: 2019

Sumário

Stormie Omartian

E essa justiça trará paz;
haverá sossego e confiança para sempre.

Isaías 32.17

Quanto a mim, como é bom estar perto de Deus!
Fiz do Senhor *Soberano meu refúgio*
e anunciarei a todos tuas maravilhas.

Salmos 73.28

Jennifer Rothschild

O valor de mil palavras

Quando vocês forem julgados nas sinagogas e diante dos governantes e das autoridades, não se preocupem com o modo como se defenderão nem com o que dirão, pois o Espírito Santo, naquele momento, lhes dará as palavras certas.

LUCAS 12.11-12

Às vezes gosto de ler os evangelhos como se estivesse vendo um álbum de fotografias repleto de instantâneos, lançando um rápido olhar sobre cada um deles. Em Mateus 9, um magnífico instantâneo de Jesus reclinado durante um jantar chamou-me a atenção.

Trata-se de um quadro de Jesus e seus discípulos compartilhando uma refeição, na casa de Mateus, com um grupo heterogêneo de pecadores. Os fariseus ali presentes, irritados e assombrados, interpelaram os discípulos: "Por que o seu mestre come com cobradores de impostos e pecadores?". Mas o próprio Jesus tomou a palavra: "As pessoas saudáveis não precisam de médico, mas sim os doentes" (Mt 9.11-12).

Vocês captaram a ideia? A Palavra diz especificamente que Jesus respondeu à pergunta dos fariseus, embora ela tenha sido endereçada aos discípulos. Talvez porque a pergunta dissesse respeito diretamente a ele, e não a seus seguidores.

Pense naquele quadro de Jesus e seus discípulos. Você acha que os discípulos poderiam ter respondido? Se estivesse lá, você poderia ter dado uma boa resposta? É bem provável que sim. Mas nem eles (nem nós) poderiam responder tão bem como Jesus!

Isso me mostra que é melhor deixar que o próprio Cristo responda a algumas questões, mesmo que elas sejam dirigidas a você ou a mim. Assim, temos aqui uma nova maneira de ver as coisas: talvez as perguntas que se relacionam mais diretamente a Cristo devessem ser separadas para que o próprio Cristo as respondesse.

As pessoas levantarão questões como "Por que os inocentes sofrem?" ou, então, "Por que Deus permite o mal?". O fato é que, na verdade, não tenho muitas respostas firmes quando enfrento perguntas dessa natureza. Como seus discípulos, faço uma ideia, mas não tenho respostas definitivas. Só Deus as tem.

Assumir a propriedade dos mistérios de Deus como se eu realmente os entendesse e soubesse explicar seria adotar uma atitude arrogante e em nada ajudaria ao examinador honesto. Em contrapartida, fazer uma pausa ao ouvir uma pergunta (em vez de intrometer-se e despejar uma solene resposta religiosa) dá ao Mestre a oportunidade de ouvir e responder por conta própria, exatamente como ele fez naquele dia na casa de Mateus.

Todas nós devemos praticar uma conversação espiritual que inclua pausas suficientes para que Jesus interfira. O discurso de nossa vida está cheio de perguntas para as quais não temos resposta.

Deus sabe defender sua posição quando ele deseja. Investigações não o perturbam, interrogatórios não o intimidam.

Luz da oração

Ó Deus, ajuda-me a fazer uma pausa em minhas conversas a fim de que Jesus responda a questões para as quais não tenho respostas satisfatórias. Tu te revelas àqueles que desejam ver-te e diriges tua palavra àqueles que querem ouvir-te.

Emilie Barnes

Um tesouro em vasos de barro

Agora nós mesmos somos como vasos frágeis de barro que contêm esse grande tesouro. Assim, fica evidente que esse grande poder vem de Deus, e não de nós.

2Coríntios 4.7

Quando Brad, nosso filho, estava no colegial, ele gostava demais de fazer cursos de cerâmica. Embora eu seja a mãe dele, posso afirmar que ele era muito bom nisso. De fato, muitos dos seus vasos, jarros e potes premiados ainda decoram nossa casa. Quando olhava aquela massa informe de argila marrom-avermelhada, ficava surpresa que Brad pudesse transformar aquilo num lindo vaso. Quando ele acrescentava cor e verniz, surgia uma obra-prima.

No texto bíblico lemos que somos "vasos de barro". Temos dentro de nós um grande tesouro, e esse poder que a tudo excede provém de Deus, e não de nós.

Vivemos num mundo que nos diz que, se formos suficientemente justos, poderemos nos tornar pequenos deuses. Entretanto, nossa leitura diz que nós (cristãos) somos vasos de barro com um grande tesouro (Jesus Cristo) dentro de nós. Posso comprar um vaso de argila barato em qualquer casa de jardinagem do meu bairro. Esses vasos não têm grande valor. Em contrapartida, meu dicionário define a palavra "tesouro" como riqueza ou fortuna, algo de grande valor. Enquanto escondemos nossos tesouros em cofres ou caixas fortes, Deus confia seu tesouro a um vaso de barro comum! O único valor do nosso vaso de barro está no tesouro que há dentro dele.

Se acreditarmos que isso é verdade, então desejaremos compartilhar esse nosso tesouro interior com outras pessoas. Sinto-me sempre maravilhada ao pensar em como Deus pode se servir de mim, apenas uma pessoa comum. Precisamos mostrar aos outros que esse poder que a tudo excede provém de Deus, e não de nós. Filipenses 4.13 afirma: "Posso todas as coisas por meio de Cristo, que me dá forças".

Você é capaz de confiar em Deus, hoje, e acreditar que você, um vaso de barro que contém um grande tesouro, pode fazer qualquer coisa porque Cristo Jesus lhe deu poder para isso? Se conseguíssemos acreditar nessa promessa, mudaríamos nosso modo de ser, nossa família, nossa igreja, nossa cidade, nosso país e o mundo. Confie em Deus, hoje, em virtude dessa crença.

Luz da oração

Deus Pai, embora eu seja um vaso de barro sem grande valor, tu me tornas preciosa porque vives em mim. Quando, por causa de minha fraqueza, eu me esquecer disso, peço que teu Espírito faça resplandecer essa verdade dentro de mim. Obrigada porque te importas comigo e, mesmo sendo um vaso imperfeito, vieste fazer morada em meu coração. Obrigada por me dares esse tesouro.

Julie Clinton

Uma vida influente

Você mesmo deve ser exemplo da prática de boas obras. Tudo que fizer deve refletir a integridade e a seriedade de seu ensino.

Tito 2.7

Você vai influenciar as pessoas hoje. Que mensagem elas receberão de você? Melhor ainda, como elas a descreverão depois deste dia? Como sal da terra e luz do mundo ou como alguém que não faz muita diferença?

Tenhamos percepção disso ou não, influenciamos a vida das pessoas. Às vezes escolhemos exercer essa influência deliberadamente, mas em outras ocasiões não temos nenhuma consciência do impacto que causamos. A influência de nossos gestos, bons ou maus, é imensa, e nem sempre saberemos a extensão das consequências. "Pensemos em como motivar uns aos outros na prática do amor e das boas obras" (Hb 10.24).Talvez Deus tenha planejado assim para nos manter humildes.

Não raro, as pessoas que atingimos só perceberão o efeito de nosso toque muitos anos mais tarde. Mas o que importa, acima de tudo, é que estejamos decididos a dar importância às pessoas, investindo a cada dia na vida de outro ser humano. Planeje aumentar sua influência nas vidas que você puder realmente atingir. Seu investimento nas pessoas é a única coisa em você que sobreviverá.

Você exerce o papel das mãos e dos pés de Cristo, e os outros são influenciados em sua caminhada com ele observando a vida que você leva. "Pois somos obra-prima de Deus, criados em Cristo Jesus a fim de realizar as boas obras que ele de antemão planejou para nós" (Ef 2.10). Viver de modo a exaltar Jesus e honrar a Deus é uma vocação grandiosa, mas é algo que precisamos fazer todos os dias.

Que mensagem você está transmitindo para a garota que trabalha no caixa do supermercado? Para seus filhos? Para seus colegas de trabalho? Para os amigos não cristãos? Será que eles conseguem ver Cristo em você? Na maneira como age? No tipo de conversa que mantém em momentos de descontração ou de crise?

A questão não é saber se você está fazendo diferença. Isso é óbvio. A questão é saber que tipo de diferença você está fazendo. "Da mesma forma, suas boas obras devem brilhar, para que todos as vejam e louvem seu Pai, que está no céu" (Mt 5.16).

Luz da oração

Usa minha vida, Senhor, como um exemplo de teu amor. Usa minhas mãos para mostrar bondade. Usa minha língua para proferir elogios, e não palavras torpes ou carregadas de inverdade ou agressividade. Usa minha boca para espalhar alegria e sorrisos. Não permita que o mal fale mais alto, livra-me do Maligno e das tentações. Que tudo o que sou ajude as pessoas a experimentarem teu amor, tua bondade e tua misericórdia.

Julie Clinton

Estabelecer prioridades

Busquem, em primeiro lugar, o reino de Deus e a sua justiça, e todas essas coisas lhes serão dadas.

MATEUS 6.33

O que aconteceria se você recebesse diariamente a quantia de R$ 86.400,00 pelo resto de sua vida? O que você faria com essa soma toda? Acrescentemos apenas uma restrição: você teria de gastar a quantia total diariamente! Saberia fazer isso? Decisão difícil, não é mesmo? Pois saiba de uma coisa: Deus lhe dá diariamente 86.400 segundos, e você gasta cada um deles! Todos os dias! A questão é: como você tem usado seu tempo? Como o tem empregado?

A maioria de nós anda tão assoberbada e desesperada pelo simples fato de ter de superar mais um dia que não encontra tempo para fazer uma pausa e, refletindo, avaliar se as atividades que vem desenvolvendo têm de fato relevância e se elas correspondem às prioridades. Muitas vezes as duas coisas estão desconectadas: relevância e prioridade, mas estamos ocupados demais para perceber isso. A Bíblia, porém, em Mateus 6.21, nos diz: "Onde seu tesouro estiver, ali também estará seu coração".

Suas atividades refletem tesouros eternos? Você está usando o tempo que Deus lhe concede para buscar o Reino dele? A que você vem dedicando o coração? Faça um inventário pessoal e reserve um tempo para meditar em cada atividade que você tem desenvolvido? Descubra onde está investindo seu tempo e veja se esse investimento reflete suas prioridades. Onde está o seu tesouro? Nessa busca, é importante ter em mente uma importante orientação bíblica sobre a priorização do tempo:

> Há um momento certo para tudo, um tempo para cada atividade debaixo do céu. Há tempo de nascer, e tempo de morrer; tempo de plantar, e tempo de colher. Tempo de matar, e tempo de curar; tempo de derrubar, e tempo de construir. Tempo de chorar, e tempo de rir; tempo de se entristecer, e tempo de dançar. Tempo de espalhar pedras, e tempo de ajuntá-las; tempo de abraçar, e tempo de se afastar. Tempo de procurar, e tempo de deixar de buscar; tempo de guardar, e tempo de jogar fora. Tempo de rasgar, e tempo de remendar; tempo de calar, e tempo de falar. Tempo de amar, e tempo de odiar; tempo de guerra, e tempo de paz.
>
> Eclesiastes 3.1-8

Há tempo para tudo. Portanto, certifique-se de que seu tempo é empregado sabiamente. Você nunca o terá de volta!

Luz da oração

Amado Senhor, tu me deste cada minuto como um presente precioso, mas a correria do dia a dia nem sempre me permite refletir sobre o resultado de minhas ações. Ajuda-me a usar com sabedoria o tempo que me concedes, de modo que eu faça aquilo que é mais importante para ti e para mim. Permite que eu enxergue com clareza o que desejas que eu faça com meu tempo, em que devo empregá-lo, e dá-me a coragem de dizer *não* às coisas que simplesmente atrapalham o meu dia. Dá-me sabedoria para sempre buscar teu reino em primeiro lugar e, assim, glorificar-te e exaltar-te, pois só tu és Deus.

Stormie Omartian

Aguardando um chamado

Peço que Deus, o Pai glorioso de nosso Senhor Jesus Cristo, lhes dê sabedoria espiritual e entendimento para que cresçam no conhecimento dele. Oro para que seu coração seja iluminado, a fim de que compreendam a esperança concedida àqueles que ele chamou e a rica e gloriosa herança que ele deu a seu povo santo. Também oro para que entendam a grandeza insuperável do poder de Deus para conosco, os que cremos.

Efésios 1.17-19

Deus tem um propósito para cada uma de nós. Há um chamado de Deus envolvendo a sua vida e a minha. A questão é: vamos prestar atenção para descobrir qual é?

Podemos ficar sem saber nada sobre o chamado de Deus para nossa vida por duas razões: não o ouvimos e vivemos como se o tivéssemos ouvido, ou o ouvimos e vivemos como se isso não houvesse acontecido.

Vi pessoas ocupadas, cansadas ou envolvidas demais na busca de riqueza e fama para ouvir o chamado de Deus. Outras temeram ser chamadas para algo insignificante e, por isso, resolveram ignorar o chamado. Algumas ouviram claramente o chamado mas fugiram dele. Outras tinham a autoestima tão baixa, que não acreditavam que Deus as houvesse destinado para algo grandioso. Achavam que deveria ser para outra pessoa e não responderam.

Nunca me passou pela cabeça, antes dos trinta e poucos anos, que eu tivesse um chamado para minha vida, e por isso sentia um profundo pesar. Tinha certeza de que, a essa tardia altura da vida, já havia perdido qualquer oportunidade de Deus realizar algo importante por meu intermédio. Tendo vivido por tanto tempo longe dele, sentia certo desespero em relação ao que considerava uma perda irrecuperável. Foi só depois de entender Deus como o Redentor que resgata *todas* as coisas, até mesmo o nosso passado, que passei a ter esperança. A Bíblia diz que "as bênçãos de Deus e o seu chamado jamais podem ser anulados" (Rm 11.29). Quando Deus emite um chamado, ele não o cancela. Apenas espera que o aceitemos.

Muitas pessoas reconhecem seu chamado, mas não conseguem ver como ele se concretizará nos pormenores de sua vida, pois tentam implementá-lo com as próprias forças. Deus, porém, não diz: "Aqui está o que quero que você faça com sua vida; agora vá e faça". Primeiro ele nos proporciona uma visão e depois diz: "Caminhe passo a passo comigo e *eu realizarei* meus propósitos por seu intermédio".

O único motivo de algumas pessoas parecerem "mais chamadas" por Deus é que elas estavam aguardando o chamado e o aceitaram.

Luz da oração

Senhor, sei que tens um grande propósito para a minha vida. Abre meus ouvidos à tua voz, sintoniza meu coração com o teu e prepara-me para entender aonde gostarias que eu fosse e o que gostarias que eu fizesse. Não quero ser infrutífera e me sentir frustrada por nunca tê-lo ouvido. Quero que me enchas com tua grandeza, a fim de que eu possa fazer pelas pessoas as coisas importantes para as quais me chamaste.

Sharon Jaynes

Garimpando ouro

Se vou para o leste, lá ele [Deus] não está; sigo para o oeste, mas não consigo encontrá-lo. Não o vejo no norte, pois está escondido; quando olho para o sul, ele está oculto. E, no entanto, ele sabe aonde vou; quando ele me provar, sairei puro como o ouro.

Jó 23.8-10

Ajoelhei-me junto ao córrego, cercada por trinta alunos do terceiro ano garimpando ouro. Estávamos na mina Reid Gold, e eu era a acompanhante responsável pelos jovens mineradores barulhentos. O guia do passeio nos conduziu através de túneis escuros e bolorentos, explicando-nos como, cem anos antes, os mineradores procuravam veios de ouro incrustados nas rochas e ocultos sob os paredões encharcados. Muitos garimparam ouro incansavelmente no regato da montanha, na esperança de encontrar algumas pepitas preciosas.

Depois do passeio, cada um de nós apanhou uma bateia e tentou sua sorte. Primeiro mergulhávamos a bateia enchendo-a com lama do fundo do córrego. Depois a sacudíamos na correnteza, permitindo que a água cristalina fluísse sobre o conteúdo da bateia. O lodo era filtrado pela tela e voltava para a correnteza enquanto crianças esperançosas (e alguns adultos) procuravam ouro. Infelizmente ninguém ficou rico naquele dia, mas descobri um precioso tesouro, do tipo que não se pode tocar ou fotografar, mas que marca nossa vida para sempre.

Enquanto eu enchia a bateia com lama, vi um reflexo de minha vida, cheia de lama e dor. Depois, enquanto sacudia a bateia, a água pura e fresca do Espírito de Deus ia me lavando. Imaginei Deus purificando minhas lembranças, levando a lama para o fundo e preservando apenas as pepitas de ouro. Lembrei-me do que escreveu Pedro: "Como o fogo prova e purifica o ouro, assim sua fé está sendo experimentada, e ela é muito mais preciosa que o simples ouro. Isso resultará em louvor, glória e honra no dia em que Jesus Cristo for revelado" (1Pe 1.7).

Nossa vida, por mais confusa que seja, está repleta de pepitas de ouro. Precisamos enxergar além da lama e permitir que Deus nos mostre os tesouros que estão apenas esperando ser descobertos.

Luz da oração

Pai querido, muitas são as dificuldades e os sofrimentos do dia a dia. Assim como a lama e o barro obscurecem uma bateia, as alegrias da vida frequentemente são nubladas pela escuridão da dor, do sofrimento e das dificuldades. Ajuda-me a enxergar além da lama, a fim de perceber como tu tens pepitas preciosíssimas de ouro guardadas para mim, aquele ouro que jamais perece nem o ladrão consegue roubar. Agradeço o teu cuidado e o teu amor, que jamais desvanecem, mesmo em meio às mais enlameadas circunstâncias da vida.

Kay Arthur

Palavras de fé quando a pressão é maior

Pensem nas coisas do alto, e não nas coisas da terra. Pois vocês morreram para esta vida, e agora sua verdadeira vida está escondida com Cristo em Deus.

COLOSSENSES 3.2-3

Você está levando uma vida frenética? Já sentiu vontade de fugir, ir embora, largar tudo?

A vida é cheia de pressão e com ela vêm a ansiedade e o estresse, especialmente para o cristão que pretende agradar a Deus. Sou a companheira que deveria ser? A mãe que deveria ser? Estou lidando com todas as situações como deveria fazer uma filha de Deus?

A vida é acelerada. Corremos para o trabalho, para preparar as refeições, para ir à igreja. Você acha que vai desacelerar quando os filhos voltarem para a escola, quando chegar o verão, as férias... Mas isso não acontece. Sejamos realistas: a vida nunca vai desacelerar; a pressão nunca vai diminuir; o estresse sempre estará presente de uma forma ou de outra. Então, o que você vai fazer a respeito? Dar duro até arrebentar-se? Desistir? Ir embora?

A boa notícia é que você não precisa escolher nada disso. Deus sabe tudo sobre a pressão, o estresse, a ansiedade, o ritmo acelerado de nossa vida terrena, e "ele mostrará uma saída para que [consigamos] resistir" a tudo isso (1Co 10.13).

Tudo tem a ver com nossa comunhão com Deus, o que chamo de "entrar no santuário". E existe um elemento de comunhão com Deus, de importância vital, que considero ser a chave para livrar-se da pressão ou do estresse: adorar por meio da música, louvar a Deus cantando.

Durante a segunda viagem missionária de Paulo, ele e seu compatriota Silas viram seu ministério causar uma desordem violenta, e perceberam o perigo da situação. Tiveram as roupas arrancadas, foram açoitados e atirados na cadeia.

Estresse? Claro!

Ansiedade? Havia razões para isso!

Como Paulo e Silas lidaram com a situação? O que os impediu de ceder? Atos 16.25 nos dá a resposta: "Por volta da meia-noite, Paulo e Silas oravam e cantavam hinos a Deus, e os outros presos ouviam". Eles tiraram o foco das pressões da vida presente e o dirigiram para o soberano Pai, e a tensão foi abrandada.

Quando as ovelhas ficam inquietas, o pastor caminha calmamente entre o rebanho, e sua mera presença diminui a tensão e acalma a ansiedade. O pastor está ali! Isso é o que acontece quando louvamos a Deus cantando hinos. Tomamos consciência de sua presença, então a tensão começa a se desfazer, o nervosismo da pressão desaparece e a ansiedade perde a importância, pois nos lembramos da presença dele.

Quanto mais entrarmos em seu recinto com louvor, tanto menos sentiremos o estresse, a pressão e a ansiedade da vida diária, pois estaremos com o pensamento "nas coisas do alto, e não nas coisas da terra".

Luz da oração

Pai amado, ajuda-me a vencer o estresse da vida e a superar tudo o que provoca ansiedade e medo. Em teus braços descanso, com a confiança que esperas de mim: aquela que não se pode abalar.

Elizabeth George

Discernimento espiritual

Desde que eu soube de sua fé no Senhor Jesus e de seu amor pelo povo santo em toda parte, não deixo de agradecer a Deus por vocês.

Efésios 1.15-16

Quando amamos uma pessoa não podemos deixar de orar por ela, pois a temos em nosso coração. E, quando nossos amigos estão distantes e não podemos expressar amor e apoio pessoalmente, podemos orar por eles, sabendo que Deus nos ouve. Jesus orou por seus discípulos. Paulo orou pelos cristãos de Filipos e de Colossos e por seus amigos de Éfeso. Quando se trata de amizades e de pessoas amigas, são muitos os motivos para dirigir-se a Deus em oração! O que você pode fazer?

Louvar a Deus por suas amizades. Você foi abençoada com a presença de pessoas especiais em sua vida. Agradeça a Deus por elas.

Orar pelo bem-estar e discernimento delas. Paulo orou pedindo que os olhos espirituais dos crentes fossem abertos e eles reconhecessem suas bênçãos espirituais.

Orar pelo Corpo de Cristo, a Igreja. Ore pedindo que seus amigos aceitem Jesus como Senhor e Salvador. E agradeça por Cristo e por sua liderança.

Todas as orações que você eleva aos céus por seus amigos e pelas pessoas que estão em seu coração chegam aos ouvidos e ao coração de Deus. Peça-lhe que faça uso de seu poder, força e sabedoria para ajudar as pessoas com quem você se importa.

Paulo estava no cárcere quando escreveu com tanta convicção sobre a oração compassiva pelas pessoas. Era de esperar que um preso inocente esbravejasse, se enfurecesse, culpasse as pessoas, questionasse Deus e entrasse em depressão. Mas não foi o que aconteceu com Paulo. Ele louvou a Deus! Suas explosões de louvor e listas de bênçãos ecoam por toda a carta aos crentes de Filipos. O extravasamento do coração de Paulo mostra que ele meditava no plano soberano de Deus, na habitação do Espírito Santo em nós, na supremacia de Jesus e nos maravilhosos efeitos da graça de Deus.

Ore como Paulo! Sejam quais forem as circunstâncias ou os problemas, peça a Deus que ajude você e as pessoas presentes em sua vida a desenvolverem "olhos espirituais", olhos capazes de enxergar e entender as riquezas e bênçãos em Jesus Cristo. Diga a Deus que você deseja conhecê-lo melhor, aguardar com muita esperança e expectativa seu chamado para o alto, entender seu relacionamento especial com ele como seu filho e herdeiro e experimentar o poder dele em cada momento de sua vida.

Quais são seus problemas hoje? Para Deus nunca há impedimentos. Louve-o por isso!

Por que não dirigir algumas palavras de esperança e conforto a uma pessoa querida que precisa de encorajamento? Ou ligar para alguém que precisa da paz de Deus e orar com ele?

Luz da oração

Senhor, obrigada por ouvir minhas orações por meus amigos. Para aquelas pessoas que não te conhecem, ajuda-me a ser um exemplo de teu amor e graça. E, para os amigos que te conhecem, peço que enxerguem tua mão na vida deles. Que todos nós possamos te glorificar.

Lysa TerKeurst

Não me mandes para a África

Os olhos do SENHOR *passam por toda a terra para mostrar sua força àqueles cujo coração é inteiramente dedicado a ele.*

2CRÔNICAS 16.9

Desde menininha, meu coração está voltado para os africanos. Mas, sinceramente, eu não queria ser uma missionária morando numa choupana, comendo uma "gororoba" preparada sobre um fogo de chão e vestindo turbantes tribais. A visão que eu tinha da África era muito limitada. Então, enquanto orava pelos africanos, sempre inseria uma observação: "Mas, Senhor, não me mandes para lá". Bem, posso imaginar Deus sorrindo e olhando para mim, dizendo: "É isso mesmo, princesa? Você não quer ir para a África... Ótimo. Então vou mandar a África para você".

E foi exatamente isso que ele fez. Uma noite, enquanto eu estava assistindo a um concerto do Coro de Meninos Liberianos, Deus falou claramente ao meu coração que dois daqueles meninos eram meus. Tentei ignorá-lo, mas foi inútil. No fim do concerto, dois dos meninos vieram exatamente em minha direção, me abraçaram e me chamaram de mãe. Depois de meses de oração e de um monte de documentos, fomos apanhar nossos dois filhos, Mark e Jackson. A África tinha vindo a nossa casa.

A triste condição de órfãos africanos morrendo à mingua já significava mais que rostos sem nome na TV; eram agora filhos queridos que mereciam uma segunda oportunidade. Não éramos os únicos a pensar assim; outras pessoas da minha igreja logo se sentiram motivadas a adotar crianças liberianas. Hoje, quando caminho para a igreja nas manhãs de domingo, sempre me comove a bela cena que vejo. Uma mãozinha branca segurando uma mãozinha negra, um irmão e uma irmã saltitando e rindo juntos! E algo no meu coração simplesmente sabe que é assim que deve ser.

É desse jeito que o Corpo de Cristo deve funcionar. Deus fala, nós escutamos; ele confirma, nós obedecemos; ele nos dá forças para realizar coisas maravilhosas, nós observamos a realização de milagres em nossa vida. Gosto de 2Crônicas 16.9 porque nos traz à mente uma imagem de Deus em pé diante de uma multidão e perguntando: "Quem está disposto a fazer uma coisa maravilhosa por mim?".

Muitos, impacientes, encolhem os ombros e dão desculpas. Mas uma menininha se levanta rapidamente e diz, em completa entrega: "Eu, Senhor! Eu! Pode me escolher! Eu estou disposta!". Diante disso, Deus sorri, apanha-a, dá-lhe um carinhoso abraço e sussurra sua resposta: "Muito bem, minha filha. Estou muito contente. Você fez uma escolha boa. Vou lhe dar forças para fazer isso. Não tenha medo. Eu estarei com você".

Luz da oração

> Amado Senhor, permite que eu seja sempre a garotinha de braço erguido e coração obediente. Concede-me sabedoria para reconhecer tua voz e coragem para dizer *sim* a tudo o que me pedires. Meu maior desejo é caminhar contigo todos os dias da minha vida. Não quero uma vida boa. Quero uma vida maravilhosa, em que eu possa desfrutar a aventura que reservaste a minha alma.

Julie Clinton

Nossas graças de cada dia

De sua plenitude todos nós recebemos graça sobre graça.

JOÃO 1.16

Na maior parte das vezes em que falamos da graça de Deus, nós nos referimos ao presente da salvação. Mas a graça de Deus também se apresenta na forma de pequenos pacotes com uma etiqueta que diz: "Um presente para você". Todos os dias Deus nos proporciona presentes de sua graça, e não raro deixamos de atribuir-lhes a importância devida.

Gaste alguns minutos para avaliar alguns destes presentes:

- liberdade para ser autêntica;
- momentos de silêncio;
- cores brilhantes da primavera;
- possibilidade de caminhar;
- consciência de que você é amada;
- amizades que se importam;
- abraço de uma criança.

Comece a ver cada uma dessas coisas como pequenos sonhos realizados. O sonho de Deus para nós se realiza de mil formas minúsculas por meio das dádivas que todo dia ele distribui em nossa vida. E exatamente porque parecem tão corriqueiras, deixamos de dar-lhes a devida importância. Mais ainda: deixamos de vê-las como favor de Deus.

Você já parou para pensar como seria sua vida se não tivesse liberdade de ser quem é de fato? Se não pudesse ter momentos de quietude para renovar as forças a fim de enfrentar mais um dia, mais uma semana? Se não se sentisse amada pelas pessoas que lhe são realmente importantes? Se não tivesse uma amiga com quem conversar?

Seria devastador, não? Mas com demasiada frequência simplesmente estamos ocupadas demais para notar o que Deus faz a todo momento em nossa vida. Ou então estamos tão ansiosas para concretizar nosso grande sonho, que nos esquecemos de observar as pequenas coisas que *constituem* a concretização gradativa desse sonho.

A maioria de nós, cristãos, consegue confiar que vai passar a eternidade no céu com Deus, mas tem dificuldade de confiar a Deus cada dia da vida, quando a orientação bíblica é clara:

> Confie no SENHOR e faça o bem, e você viverá seguro na terra e prosperará. Busque no Senhor a sua alegria, e ele lhe dará os desejos de seu coração. Entregue seu caminho ao SENHOR; confie nele, e ele o ajudará. Tornará sua inocência radiante como o amanhecer, e a justiça de sua causa, como o sol do meio-dia. Aquiete-se na presença do SENHOR, espere nele com paciência.
>
> Salmos 37.3-7

Comece a ver os presentes que Deus lhe concede e mude seu jeito de viver: isso vai simplesmente transformar sua vida!

Luz da oração

Obrigada, Senhor Deus, por tua generosa graça, pelo tremendo presente da salvação e pelas inúmeras pequenas graças que me envias diariamente. Ajuda-me a vê-las e valorizá-las. Confio minha vida a tuas mãos amorosas e que jamais me esqueça de agradecer-te.

Julie Clinton

A força oculta do sofrimento

Por isso aceito com prazer fraquezas e insultos, privações, perseguições e aflições que sofro por Cristo. Pois, quando sou fraco, então é que sou forte.

2CORÍNTIOS 12.10

Deus não está desperdiçando o sofrimento que você vive. Ele nunca deixa de lado uma ferida. Ele está curando você neste exato momento e usando seu sofrimento para lhe mostrar um sonho maior que você imagina. Mas você precisa confiar nele. Ao confiar, você cria espaço para a esperança.

Quando estamos num abismo muito profundo, temos de nos agarrar à certeza de que Deus continua firme e forte ao nosso lado. Ele prometeu que sempre estaria: "estou sempre com vocês, até o fim dos tempos" (Mt 28.20). E "Deus não é homem para mentir" (Nm 23.19), nem deixa de cumprir uma só de suas palavras.

Portanto, nenhuma de nossas experiências será em vão. Cada uma será usada para o nosso bem: para nos fortalecer, para nos fazer caminhar mais perto dele, para nos dar um coração mais amoroso, pois "sabemos que Deus faz todas as coisas cooperarem para o bem daqueles que o amam" (Rm 8.28).

Em nossas horas de maior sofrimento, precisamos nos apoiar fortemente em Deus. Ele está usando nossa fraqueza para realizar sua obra por meio de nós, construindo confiança, de modo que seu sonho para a vida de cada um de nós possa tornar-se uma realidade.

Em meio a todo seu sofrimento, o apóstolo Paulo tinha consciência de que o Senhor não só tinha controle da situação, como o poder dele "opera melhor na fraqueza" (2Co 12.9).

Raramente entendemos como Deus usa o sofrimento para o nosso bem. Ele quer nos refinar, nos purificar, como o ouro no cadinho. Às vezes, em meio às lágrimas, não conseguimos enxergar nada, muito menos entender. É compreensível. Mas o simples fato de não entendermos o sofrimento não significa que Deus não o esteja usando. Ele está. Nem que ele não se importa. Ele se importa. Nem que não nos ama. Ele nos ama a ponto de enviar seu único Filho para morrer por nossos pecados e, assim, trazer-nos para perto dele novamente.

Se você está enfrentando uma situação de sofrimento agora mesmo, ou da próxima vez que isso acontecer (e vai, acredite), lembre-se de que tudo faz parte do plano e do propósito do soberano Deus. Confie nele.

Luz da oração

Amado Deus, há dias em que o sofrimento e a dor são tão grandes que nem sei como vou superá-los. Nesses momentos, faz-me lembrar de tuas promessas, que confortam e dão esperança. Permite-me sentir tua presença, Senhor, para que eu possa confiar e ficar tranquila. Permite-me cair em teus eternos braços, entregando-te o controle da situação enquanto sinto tua força em meio a minha fraqueza.

Elizabeth George

Vivendo como Timóteo

Se for da vontade do Senhor Jesus, espero enviar-lhes Timóteo em breve para visitá-los. Assim ele poderá me animar, contando-me notícias de vocês. Não tenho ninguém que se preocupe sinceramente com o bem-estar de vocês como Timóteo. Todos os outros se preocupam apenas consigo mesmos, e não com o que é importante para Jesus Cristo. Mas vocês sabem que Timóteo provou seu valor. Como um filho junto ao pai, ele tem servido ao meu lado na proclamação das boas-novas.

FILIPENSES 2.19-22

Você já disse: "Sim, mas..."? É impressionante como uma palavrinha, *mas*, pode transmitir um sinal tão forte de falta de fé ou de entendimento. Você por acaso contempla os sacrifícios de Cristo e pensa: "Sim, mas ele era *Jesus!* Era Deus encarnado. Eu sou 'apenas' um ser humano"?

Considere que Jesus pensava nos outros o tempo todo, que ele servia às pessoas o tempo todo (até quando orava, ele o fazia para revigorar-se a fim de poder ajudar-nos) e que submeteu sua vontade à vontade do Pai. Não seria fantástico ser assim? "Sim, mas...".

O apóstolo Paulo sabia que alguns de nós poderiam reagir com essa pequena, mas poderosa, palavra negativa. Ele nos apresenta seu assistente e companheiro de viagem, Timóteo, e diz: "Tudo bem, aqui está outra pessoa como eu, que pensa nos outros e não em si mesmo". Timóteo também era "apenas" um ser humano. Mas ele aprendeu como ser um servo fiel. Ele se tornou quem era porque foi primeiro um discípulo fiel. O exemplo de Timóteo pode ajudá-lo a transformar seu "Sim, mas..." em um "Sim, eu vou...". Não há desculpas aceitáveis para deixar de ser servo do Senhor.

Mas como você pode se parecer mais com Paulo e Timóteo no serviço ao Senhor e às pessoas ao redor?

Submeta-se a Deus. Você é servo dele.

Submeta-se às pessoas. Talvez, para tornar-se um Timóteo, você precise submeter-se a um Paulo. Você tem alguém a quem servir lado a lado? Ajuda alguma pessoa mais madura, ou não, enquanto ela serve ao Senhor?

Amadureça para ser sempre útil. Aperfeiçoe habilidades e atitudes ministeriais. Fortaleça sua fé. Aumente seu conhecimento das Sagradas Escrituras.

Sinta-se satisfeito com seu papel secundário. A harmonia no ministério acontece quando todos procuram servir.

Com base no exemplo de Timóteo, indique um tipo de comportamento, de preocupação sincera, de lealdade ou sacrifício que você pode introduzir em sua vida de humilde serviço ao povo de Deus.

Luz da oração

> Senhor, ajuda-me a servir lado a lado com as pessoas para glorificar teu nome por meio da compaixão, do ensinamento e da fidelidade. Quando minimizar meu potencial de serva por causa de meus erros ou de minha falta de entendimento, ajuda-me a te dizer *sim* e a perseverar.

Sharon Jaynes

Respiração compartilhada

Se um cair, o outro o ajuda a levantar-se. Mas quem cai sem ter quem o ajude está em sérios apuros.

Eclesiastes 4.10

Num dia quente de verão meu amigo exclamou:

— Vamos mergulhar!

— Parece uma ótima ideia — disse eu. — Mas não sei mergulhar.

— Deixa comigo — disse ele.

Eu tinha dezessete anos quando mergulhei pela primeira vez com um *scuba*. Meu amigo prendeu às costas um tanque de oxigênio, pôs uma máscara na cara e nadadeiras nos pés. Eu só tinha uma máscara e nadadeiras.

— Onde está meu oxigênio? — perguntei.

— Está comigo — respondeu ele, batendo com a palma da mão no tanque às suas costas.

E então mergulhamos no oceano. Ele me pegou pela cintura como se eu fosse um saco de batatas e lá fomos nós para o fundo. John aspirava oxigênio de seu tanque e depois me passava o aparelho respirador. Nós nos revezávamos na inspiração do oxigênio, num processo chamado "respiração compartilhada". Ocorreu-me então que eu dependia totalmente desse jovem para permanecer viva!

Ao longo de minha vida, as palavras de amigos têm sido como oxigênio em momentos que sinto como se estivesse me afogando. Deus pôs em meu caminho pessoas que "prenderam às costas" a

Palavra de Deus e me dirigiram palavras vivificantes nos momentos em que eu mais precisava.

> Observei outra coisa que não faz sentido debaixo do sol. É o caso do homem que vive completamente sozinho, sem filho nem irmão, mas que ainda assim se esforça para obter toda riqueza que puder. A certa altura, porém, ele se pergunta: "Para quem trabalho? Por que deixo de aproveitar tantos prazeres?". Nada faz sentido, e é tudo angustiante. É melhor serem dois que um, pois um ajuda o outro a alcançar o sucesso. Se um cair, o outro o ajuda a levantar-se. Mas quem cai sem ter quem o ajude está em sérios apuros. Da mesma forma, duas pessoas que se deitam juntas aquecem uma à outra. Mas como fazer para se aquecer sozinho? Sozinha, a pessoa corre o risco de ser atacada e vencida, mas duas pessoas juntas podem se defender melhor. Se houver três, melhor ainda, pois uma corda trançada com três fios não arrebenta facilmente.
>
> Eclesiastes 4.7-12

Respiração compartilhada. Isso é o que podemos fazer quando uma amiga se esquece de inalar o ar de que ela precisa. Isso é o que Deus faz por nós cada vez que consultamos sua Palavra.

Luz da oração

Pai, obrigada pelas pessoas que colocaste em meu caminho para me animar e fortalecer nos meus momentos de maior fraqueza. Peço que me mostres como posso fazer o mesmo por muitos outros, fortalecendo-os em tua Palavra e em teu poder. Usa-me, conforme tua vontade, para edificar, consolar e exortar aqueles que de mim precisam.

Sharon Jaynes

Restaurada e renovada

Logo, todo aquele que está em Cristo se tornou nova criação. A velha vida acabou, e uma nova vida teve início!

2CORÍNTIOS 5.17

Enquanto examinava minha nova aquisição, minha mãe perguntou:

— Sharon, você faz ideia de quanto tempo e quanta energia vai gastar na restauração dessa mesa velha e das cadeiras?

Na adolescência eu tinha um fetiche por antiguidades e móveis antigos, e comprava muitas peças em leilões, mercados de pulgas e liquidações de patrimônios. Muitas vezes, quando eu voltava para casa com meus tesouros, alguém de minha família revirava os olhos e dizia: "Não dá para acreditar que você gastou dinheiro com essa peça de lixo suja".

Mas nunca vi minhas aquisições como lixo. Elas só precisavam ser um pouco trabalhadas... ou melhor, muito trabalhadas. Reconsiderando as coisas agora, acho que meu gosto por restaurar móveis antigos e maltratados estava relacionado com meu modo de ver a vida e como Deus me renovara.

Como a mesa velha, eu também estava no lote do leilão, e Deus me comprou com o sangue de Cristo: "Vocês não pertencem a si mesmos, pois foram comprados por alto preço" (1Co 6.19-20); "E, se você era escravo quando o Senhor o chamou, agora é livre no Senhor. E, se você era livre quando o Senhor o chamou, agora é escravo de Cristo. Vocês foram comprados por alto preço, portanto não se deixem escravizar pelo mundo" (1Co 7.22-23). Eu tinha camadas e mais camadas de minha antiga identidade que precisavam ser arrancadas para revelar a beleza escondida sob elas. Deus me poliu com experiências e provações para suavizar as partes mais ásperas. "Pensem nisto: assim como o pai disciplina o filho, também o SENHOR, seu Deus, disciplina vocês para o seu próprio bem" (Dt 8.5). O Senhor colou meus encaixes e consertou as partes quebradas. Então me cobriu com uma camada seladora, o Espírito Santo, que revelou a beleza da pessoa que Deus me criou para ser.

Terminando a restauração da mesa velha e das cadeiras, sentei-me na garagem pensando em tudo o que Deus havia feito em minha vida. Minha mãe abriu a porta, olhou para a velha mesa e declarou:

— Nossa! Nunca pensei que uma coisa tão feia pudesse ficar tão bonita.

— Amém! — respondi, lembrando-me das palavras do Senhor: "E aquele que estava sentado no trono disse: 'Vejam, faço novas todas as coisas!'" (Ap 21.5).

Luz da oração

Pai, sei que tu és o maior restaurador de vidas do Universo. Para ti não é difícil pegar o maior e mais destroçado pecador, restaurá-lo e fazer algo lindo a partir do que muitos consideram lixo. Muito obrigada, porque sei que em ti há abundante novidade de vida para todos aqueles que ouvirem tua voz!

Stormie Omartian

A visão inicial da luz

Esta é a mensagem que ouvimos dele e que agora lhes transmitimos: Deus é luz, e nele não há escuridão alguma. Portanto, se afirmamos que temos comunhão com ele mas vivemos na escuridão, mentimos e não praticamos a verdade. Mas, se vivemos na luz, como Deus está na luz, temos comunhão uns com os outros, e o sangue de Jesus, seu Filho, nos purifica de todo pecado.

1João 1.5-7

Nossa vida sofre influência de muitos tipos de luz. Luz do sol e da lua. *Spots* e holofotes. Luz do fogo, de vela, de lâmpada, luzes da cidade. Luzes cintilantes e as ofuscantes. Luzes que confundem e as que enganam. Todas têm uma coisa em comum: acabam se apagando. Não são confiáveis. Nunca poderão vir a ser a luz de que precisamos para iluminar o caminho de nossa vida. Apenas uma única luz jamais se apaga. E ela vem de Deus.

Essa luz *é* Deus.

A luz de Deus é a verdadeira luz. A luz dele esclarece. Todas as outras confundem. A luz dele *revela* a verdade. Todas as outras a obscurecem. A luz dele elimina nossa cegueira e ajuda-nos a enxergar como nunca antes. Ele diz: "Conduzirei este povo cego por um novo caminho e o guiarei por um rumo desconhecido. Transformarei em luz a escuridão diante dele e tornarei planos os trechos acidentados. Sim, farei essas coisas; não o abandonarei" (Is 42.16). A luz de Deus penetra a escuridão, e a escuridão não consegue apagá-la.

Se não seguirmos a luz, seremos conduzidos para a escuridão.

Durante os anos em que não tinha um relacionamento pessoal com Deus, eu caminhava na densa escuridão da depressão, do medo, da ansiedade e do desespero. Tudo que experimentava era uma desesperada busca por algo que iluminasse minha vida. Mas nunca descobri nada duradouro. Quando recebi o Senhor, não fui subitamente inundada pela luz, como algumas pessoas descrevem essa experiência. A luz que vi era um vislumbre de esperança, o que comparo com dormir num quarto escuro com um pontinho de luz, uma luz pequena, mas intensa o bastante para acordar alguém habituada à escuridão do quarto. A luz do Senhor foi, assim, inconfundível, pois contrastou com a escuridão da minha vida. Qualquer luz mais intensa teria sido ofuscante. Mas, por causa de minha escravidão, a luz inicial de minha caminhada era fraca comparada com a que estava por vir. Quanto mais eu caminhava na luz do Senhor, mais intensa ela ficava, até iluminar todo meu ser.

Ouvi pessoas falarem de experiências de quase morte nas quais viram uma luz intensa. Não duvido do que elas dizem. Mas sei que, quando nós que cremos no Senhor morrermos, não veremos *uma* luz. Veremos *a* luz. Veremos Jesus, que é a luz do mundo.

Luz da oração

Senhor, és a luz de minha vida. Ilumina meu caminho, e seguirei para onde quer que me conduzas. Não permitas que eu seja seduzida pela luz do mundo. Protege-me da cegueira por ela causada. Ajuda-me sempre a identificar a falsidade. Dependo de ti para fazer brilhar sobre mim a luz de teu rosto (Sl 4.6). Faz que ela brilhe através de mim.

Emilie Barnes

Sua decisão mais importante

Quanto a mim, eu e minha família serviremos ao Senhor.

Josué 24.15

Algumas decisões que tomamos valem para toda a vida. Vemos, ao longo da história, como decisões adequadas e inadequadas mudaram os rumos da humanidade.

Josué enfrentou com sua família o mesmo dilema que enfrentamos com a nossa. Que deus adorar? Os deuses do mundo ou *o* Deus Jeová?

Escolher a quem adorar é a questão mais importante da vida. Josué foi um homem de coragem, vigor, determinação e fé. Foi um líder para sua família e para a nação. Conforme está registrado na leitura bíblica acima, Josué afirma que adoramos os deuses que queremos, e ele e sua família serviram ao Senhor.

A qual dos deuses você vai servir? Sua vida hoje é consequência de decisões tomadas ontem. Você está cansada de ser escrava de decisões errôneas do passado? Se esse for o caso, você dispõe da liberdade e da alegria de estar em Cristo. Não precisa continuar sofrendo a dor de ontem, pois hoje você pode se comprometer a mudar completamente sua vida.

Paulo escreve em Romanos 10.9-10: "se você declarar com sua boca que Jesus é Senhor e crer em seu coração que Deus o ressuscitou dos mortos, será salvo. Pois é crendo de coração que você é declarado justo, e é declarando com a boca que você é salvo".

Você consegue tomar hoje uma decisão a respeito dessa promessa? Será a melhor decisão de sua vida. Não deixe para amanhã. Não espere até que seja demasiado tarde. O autor de Eclesiastes afirma: "Há um momento certo para tudo, um tempo para cada atividade debaixo do céu" (3.1).

Três vezes um soldado hospitalizado apanhou o hino "Will you go?" (Você vai?), que fora distribuído em um panfleto. Duas vezes ele o descartou. Na última vez ele o leu, pensou sobre ele e, apanhando um lápis, escreveu na margem do hino estas palavras: "Pela graça de Deus, tentarei ir, John Waugh, Companhia G, Décimo Regimento, P.R.V.C.". Naquela noite ele participou de um encontro de oração, leu sua decisão, pediu orações por sua salvação e disse: "Agora não me envergonho de Cristo, mas me envergonho de mim mesmo por ter me envergonhado dele por tanto tempo". Ele caiu no campo de batalha alguns meses mais tarde. Como foi oportuna sua decisão!

Hoje é o dia marcado. Tome sua decisão pela primeira vez ou confirme sua decisão anterior dizendo que você e sua família servirão ao Senhor.

Luz da oração

Deus Pai, todo dia devo escolher que deus adorar. Que eu possa, como fez Josué, escolher o Deus Jeová. Quero servir-te com todo o meu coração e com toda a minha alma. Por favor, renova diariamente em mim esse meu desejo. Eu te amo.

Jennifer Rothschild

A centésima primeira pizza

Provem e vejam que o Senhor *é bom!*

Salmos 34.8

Phil e eu já estávamos prestes a sair para uma noite romântica da qual precisávamos muito. Os meninos e a babá fizeram uma votação e escolheram *pizza* para o jantar. Antes de sair, fiz uma rápida ligação para a pizzaria. Até fazer essa ligação, em especial, eu não tinha percebido quanto a conexão com essa pizzaria tinha se tornado "familiar"!

A ligação começou com a previsível conversa de sempre: "Obrigada por sua ligação. É para entregar ou pegar aqui?".

Prossegui com o pedido respondendo à animada senhora do outro lado da linha que era para entregar, e lhe forneci o número de nosso telefone antes de ela sequer ter a chance de pedi-lo.

Muito entusiasmada, sua voz explodiu em meu ouvido:

— Senhora, esta é a centésima primeira *pizza* que nos pede! Parabéns!

Um pouco menos entusiasmada do que ela, perguntei:

— Tem certeza?

Ela mal conseguia conter o entusiasmo enquanto verificava no computador e relatava quando havia feito meu primeiro pedido.

— É... um montão de *pizzas* — disse eu.

Meu medíocre cérebro matemático começou a calcular quanto eu teria gastado ao longo de vários anos em molho de tomate e queijo muçarela.

— Nossa! — disse eu. — É muita massa, isto é, grana! Vou receber alguma coisa grátis por essa grande proeza?

Ela deu uma risadinha.

— Apenas os parabéns.

Depois de concluir meu pedido, desliguei e entrei no carro com Phil. Eu estava chocada. Quem compra 101 *pizzas*?

Bem, obviamente eu tinha comprado e me sentia constrangida. Isso significava que 101 vezes eu não tinha preparado o jantar, 101 vezes, em vez de pôr a mesa, eu tinha distribuído sobre ela pratos de papelão, e 101 vezes eu tinha dado ao entregador gorjetas muito baixas.

Mas me recuso a ver essa estatística de *pizza* como má notícia.

Há alguns aspectos positivos nessa conexão com a pizzaria. Ela também significa que houve 101 ocasiões em que nossa família relaxou um pouco mais, que em 101 ocasiões nos detivemos um pouco mais à mesa e que 101 vezes todos concordamos com relação ao cardápio do jantar.

Olhando por esse ângulo, nada nele me causa embaraço. Em 101 ocasiões, de fato promovi hábitos sadios em minha família. O que realmente confere à *pizza* o grau máximo no quesito comida sadia (ou não).

Sendo assim, a todas vocês, mulheres ocupadas que garantem a prosperidade da indústria da *pizza*, dou meus sinceros parabéns. Não se sintam envergonhadas ou constrangidas por não servirem, todas as noites, em lindos pratos de porcelana, uma refeição preparada em casa. Celebrem, em vez disso, o fato de que estão alimentando os membros de sua família com lembranças que tornam seu lar um lugar especial.

Descubram maneiras simples de tornar agradável a vida em família. Acreditem-me, eu consigo pensar em pelo menos 101.

Luz da oração

Obrigada, Pai, por ter a possibilidade de oferecer algo novo a minha família. Dá-me criatividade para que eu consiga inventar muitas outras formas de tornar meu lar um lugar sempre especial.

Lysa TerKeurst

O segredinho da Vitória

Como uma macieira entre as árvores do bosque, assim é meu amado entre os rapazes.

CÂNTICO DOS CÂNTICOS 2.3

"Vitória tem um segredinho, e não estou interessada nele!" Foi o que pensei ao descobrir um vale-presente da loja *Victoria's Secret* em meu escritório. "Oh! Dessa loja", pensei, um pouco decepcionada. Não que eu não goste da loja. Mas a simples ideia de usar uma roupa apertada, reveladora e de tamanho reduzido não me anima para uma visita ao *shopping*.

Investigando melhor, percebi que o vale-presente já tinha mais de dez anos e caí na risada! Meu marido, Art, não viu graça alguma e resolveu aproveitar para me comprar um presente. Sorri e pedi-lhe que se lembrasse de duas coisas: calor e conforto! Será que a Vitória fabrica pijamas de flanela?

Talvez pelas mudanças em nosso corpo, pela privação de sono ou limitação de tempo, o casamento muda depois que nascem os filhos. Mas não precisa ser para pior. Em vez de esperar que as coisas venham magicamente a se reacender ou melhorar, decidi procurar um relacionamento melhor com meu marido. Tudo deve ser uma questão de escolha, não de acaso. Aqui estão algumas implicações das escolhas que fiz recentemente:

Seduzi-lo. Calma, respire fundo! Isso pode, sim, ser dito em um livro cristão! Sei quando meu marido passou a seco um tempo longo demais, pois ele fica mal-humorado. Pense, por um minuto, em como seria se seu marido fosse sua única fonte de alimento e, cada vez que você o procurasse para obter comida — não apenas desejada, mas indispensável —, ele lhe respondesse: "Agora não. Estou cansado e com dor de cabeça". A maioria dos maridos gostaria que sua mulher tivesse mais iniciativa quando se trata de intimidade. Portanto, seduza seu marido.

Servi-lo. Posso sentir olhos se revirando. Mas quando foi a última vez que procurei saber de fato o que Art queria e fiz para ele? Às vezes o que menos queremos no casamento pode ser exatamente o que mais poderia ajudar o relacionamento. Quando seu marido lhe pedir algo, por que, em vez de se ofender, não vê nisso uma oportunidade para investir em seu casamento? Isso pode produzir milagres.

Simplesmente ser gentil com ele. Como posso ser *tão* gentil com estranhos e apenas alguns segundos depois ser impaciente e *descortês* com quem mais amo? Não quero pavios curtos, surtos de mau humor e conversas lacônicas no patrimônio que construir com meu marido. Devo escolher engolir minhas observações mordazes e apenas me mostrar delicada!

A descoberta daquele vale-presente me serviu muito. Foi um sinal de que eu precisava fazer alguns ajustes e investimentos. E acho que vou perguntar ao Art se podemos ir ao *shopping*, juntos. Não vou procurar nada de flanela. Talvez finalmente comece a desvendar o segredinho da Vitória.

Luz da oração

Senhor, ajuda-me a lembrar que o sexo no casamento é uma bênção para nós. Concede-nos desejo mútuo capaz de reacender a chama romântica em nosso relacionamento. Obrigada, Senhor, pelo privilégio de ser esposa.

Kay Arthur

Palavras de fé quando você se pergunta se sua vida tem algum propósito

Mesmo antes de criar o mundo, Deus nos amou e nos escolheu em Cristo para sermos santos e sem culpa diante dele. Ele nos predestinou para si, para nos adotar como filhos por meio de Jesus Cristo, conforme o bom propósito de sua vontade.

EFÉSIOS 1.4-5

"Por que eu nasci?" "Qual a razão da minha existência?" "Qual é meu valor para Deus?" Você já se fez essas perguntas? Eu já me fiz. De fato, estava considerando exatamente tudo isso um dia desses, sentada em meu velho cadeirão (onde muitas vezes faço minhas orações), adorando nosso Pai ao repetir em voz alta tudo o que ele é e o que fez. Nesse momento, vieram-me à mente as maravilhosas verdades de Efésios 1. Pensei na magnificência e no poder de nosso Pai com relação à criação do mundo e à formação do ser humano do pó da terra. Depois pensei em Efésios 1.4: "Mesmo antes de criar o mundo, Deus nos amou e nos escolheu"!

Impressionante, não é mesmo? Pensar que, mesmo antes de Deus criar os céus e a terra, ele conhecia a você e a mim, e nos escolheu!

Depois disso, minha mente concentrou-se no fato de que Deus tem planejado todo o curso da história. O plano de Deus não foi abalado por Satanás no jardim do Éden, quando o perverso sedutor tentou Adão e Eva e os levou a pecar. Tudo já estava definido, pois Jesus já era o Cordeiro de Deus, imolado antes da fundação do mundo. E assim comecei a agradecer a nosso Pai que "nos revelou sua vontade secreta" e explicou "a todos esse segredo que Deus, o Criador de todas as coisas, manteve oculto desde o princípio" (Ef 1.9; 3.9).

Deus tem um plano, e nem o ser humano nem o Diabo pode frustrá-lo.

Depois minha mente se concentrou em Efésios 2.10, em que aprendemos que de antemão nosso Pai planejou as boas obras que devemos realizar. Aprendemos sobre nosso valor! Descobrimos que nossa vida tem um propósito!

Você conhece essa verdade, minha amiga? Está vivendo à luz dela? Percebe como você é absolutamente preciosa para Deus? Percebe a importância de sua vida? Ela tem um propósito. Um propósito específico! Como ensina Efésios 1.11, vivemos "conforme seu plano e [ele] faz que tudo ocorra de acordo com sua vontade", e sua vontade é simplesmente o melhor, sempre!

Você não é um acidente! Você não é inútil. Você não é desprezível. Você não é irrecuperável. Seu valor e propósito nesta vida não dependem de quem você é, do que você fez ou do que lhe fizeram. Seu valor e propósito não dependem de onde você esteve, mesmo que tenha estado no precipício do inferno.

Seu valor e propósito dependem de Deus e somente dele: de sua vontade, de seu chamado, de sua escolha, de seu amor.

Luz da oração

Obrigada, Pai, pelos lindos propósitos que tens para minha vida. Que nada nem ninguém consiga atrapalhar teus planos.

Sharon Jaynes

Energia plena

Oro para que entendam a grandeza insuperável do poder de Deus para conosco, os que cremos.

EFÉSIOS 1.19

Dirigindo-me ao construtor, atônito, anunciei:

— Vou me mudar para cá!

Nossa casa ainda não estava exatamente terminada, mas eu estava cansada de esperar. A instalação elétrica ainda não estava ligada, mas imaginei que, se os trabalhadores da obra podiam trabalhar usando a reduzida energia proveniente de uma caixa ligada a um poste de eletricidade, eu também poderia.

— Tá certo, dona Sharon — disse o construtor. — A senhora pode se mudar para cá, mas só pode ligar algumas lâmpadas por vez. Se quiser tomar banho, vai ter de desligar todo o resto para a água esquentar. A senhora pode ligar o fogão, mas não vai poder ter nada mais ligado ao mesmo tempo. Se a senhora se mudar para esta casa, vai ser como acampar numa barraca muito legal.

Ótimo! Eu venci! E nos mudamos para lá.

No início foi divertido, mas logo me cansei dos banhos gelados e da comida pronta. E os jantares à luz de velas logo perderam seu encanto. Vibramos quando o eletricista retirou a caixa ligada ao poste e acionou a chave que nos forneceu energia plena. Acendi todas as lâmpadas, liguei o forno e tomei um banho quente. Tudo ao mesmo tempo.

Pensei em como essa condição se parece com nossa jornada cristã. Às vezes nossa vida espiritual utiliza apenas parte da energia disponível. Temos acesso à energia de Deus por meio do Espírito Santo. Por que utilizamos apenas alguns *volts* quando poderíamos trabalhar com a carga máxima e com todos os circuitos ligados?

Quando mencionei isso a Deus, ele me lembrou de que sua energia está sempre disponível. Só precisamos nos conectar diariamente à fonte de energia verdadeira. Estar conectados a Cristo, aliás, é uma das principais propostas do evangelho, como ele nos mostrou ao se comparar a uma videira:

> Eu sou a videira verdadeira, e meu Pai é o lavrador. Todo ramo que, estando em mim, não dá fruto, ele corta. Todo ramo que dá fruto, ele poda, para que produza ainda mais. Vocês já foram limpos pela mensagem que eu lhes dei. Permaneçam em mim, e eu permanecerei em vocês. Pois, assim como um ramo não pode produzir fruto se não estiver na videira, vocês também não poderão produzir frutos a menos que permaneçam em mim.
>
> João 15.1-4

Luz da oração

Pai, tu és a fonte da vida, e longe de ti não há esperança: tudo murcha, tudo morre. Louvo teu nome porque me chamaste para me conectar a ti e, assim, receber a energia da vida. Peço que me guardes da tentação de me afastar de ti, pois, como o ramo não vive longe da videira, distante de teu amor e de tua proteção eu, com toda certeza, pereceria.

Sharon Jaynes

Fé infantil

Ao ver isso, Jesus ficou indignado com os discípulos e disse: "Deixem que as crianças venham a mim. Não as impeçam, pois o reino de Deus pertence aos que são como elas. Eu lhes digo a verdade: quem não receber o reino de Deus como uma criança de modo algum entrará nele". Então tomou as crianças nos braços, pôs as mãos sobre a cabeça delas e as abençoou.

MARCOS 10.14-16

"E, amado Senhor", sussurrou meu menininho, "eu te peço para dar à mamãe e ao papai outro bebê Jaynes."

Depois de quatro anos de orações pedindo que Deus nos abençoasse com um segundo filho, percebemos que isso talvez não fizesse parte do plano de Deus para a nossa família. Contudo, todas as noites o meu filhinho, Steven, orava pedindo outro "bebê Jaynes". Mas como você pede a alguém que pare de orar?

Enquanto eu refletia sobre esse dilema, Deus se encarregou de resolvê-lo para mim. Pouco antes do quinto aniversário de Steven, estávamos sentados à sua mesinha comendo sanduíches de geleia e pasta de amendoim quando ele olhou para mim e, com toda a sabedoria dos profetas, perguntou:

— Mãe, você já pensou que Deus pode querer que você tenha só *um* bebê Jaynes?

— Sim, filho, já pensei nisso — disse eu. — E, se esse for o caso, eu me sinto feliz porque ele me deu tudo o que desejei num único pacote quando me deu você.

— Bem, o que acho é que devemos orar até você ficar velha demais para ter outro filho. Então vamos saber qual é a resposta dele.

Steven não fazia ideia do que significava "velha demais", nesse caso. Ele sabia que Sara, segundo a Bíblia, tinha noventa anos quando deu à luz Isaque. Mas não importava o resultado, pois para Steven não havia problema se Deus dissesse *não*. Meu filho sabia que, embora eu lhe tivesse dito *não* muitas vezes, isso não significava "Eu não te amo". Pelo contrário, significava "Eu sou sua mãe, e sei o que é melhor para você".

Deus me deu uma grande lição naquele dia. Através da fé infantil de Steven, Deus me deu um exemplo da atitude de confiança que devo adotar em relação a meu Pai celestial, que me ama e sabe o que é melhor para mim: "'Meus pensamentos são muito diferentes dos seus', diz o Senhor, 'e meus caminhos vão muito além de seus caminhos. Pois, assim como os céus são mais altos que a terra, meus caminhos são mais altos que seus caminhos, e meus pensamentos, mais altos que seus pensamentos'" (Is 55.8-9).

E isso às vezes significa aceitar quando a resposta dele é *não*.

Luz da oração

Pai, sei que teus caminhos e teus pensamentos são mais altos que os meus. Por isso, mesmo diante de minha teimosia, peço que sempre cumpras a tua vontade. Tu sabes o que é o melhor para mim e, embora eu ache que sei das coisas, a realidade é que meu coração enganoso comete muitos erros. Agradeço por me ensinares, como a uma criança teimosa, que nem sempre estou certa.

Stormie Omartian

Aprendendo a andar

Tu me mostrarás o caminho da vida e me darás a alegria de tua presença e o prazer de viver contigo para sempre.

SALMOS 16.11

Quando meus dois filhos aprenderam a andar, eles não iam muito longe sem cair. Saíam-se muito melhor quando seguravam minha mão ou a mão do pai deles. Sabíamos orientá-los, evitando perigos, e levá-los em segurança aonde queriam chegar. Mas às vezes eles se precipitavam, andando rapidamente sem nossa ajuda. Meu filho acabava caindo e se machucando, ou então minha filha enveredava por algum lugar aonde não deveria ir e se complicava. Às vezes *permitíamos* que essas coisas acontecessem porque queríamos que eles aprendessem a caminhar *sem* nossa ajuda. Claro que interferíamos e os protegíamos quando surgia algum perigo. Mas nosso objetivo sempre foi prepará-los para o dia em que eles já não precisassem de nossa ajuda. E nos emocionamos quando os vimos desfrutar a alegria da liberdade pela primeira vez.

Aprender a andar com nosso Pai celestial é um pouco diferente. Ele quer que lhe seguremos a mão sem *nunca* soltá-la. Na verdade, seu desejo é que nos tornemos *mais e mais* dependentes dele em cada passo da vida. Isso acontece porque ele quer nos conduzir a lugares onde nunca estivemos. Para alturas que não podemos imaginar. Para tanto, precisamos percorrer os vales profundos, as montanhas traiçoeiras e as passagens estreitas da vida, lugares onde facilmente poderíamos nos perder ou sair da trilha. E, definitivamente, não há um caminho pelo qual possamos apenas seguir em frente por nossa conta e esperar atingir em segurança o lugar que ele planejou para nós. E, exatamente ao contrário do que ensinamos a nossos filhos: *nunca* conheceremos a alegria da *verdadeira* liberdade até entender que não podemos dar sequer um passo sem a ajuda dele.

Mas cabe a nós dar o primeiro passo. Precisamos olhar para o rosto de Deus, dar-lhe a mão e dizer: "Conduze-me pelo caminho que me reservas, Senhor. A partir deste dia quero caminhar contigo. Darei esse passo de fé e confio que me receberás aqui. Sintoniza o meu coração com o teu".

Assim que você der *esse* primeiro passo, Deus lhe mostrará outros passos. Ele ensinará você a caminhar na luz de sua verdade, de sua revelação e de seu amor.

Luz da oração

Deus Pai, não quero dar nem um passo sequer sem ti. Estendo-te minha mão e peço que me conduzas pelo teu caminho. Eu te agradeço por saber que, independentemente de onde me encontro, mesmo que tenha me afastado do caminho, neste exato momento em que seguro tua mão, tu determinarás um caminho que me conduzirá daqui até onde devo estar. E tu me guiarás por ele. Alegra-me saber que tua generosa graça me conduz. E, mesmo não sabendo exatamente para onde me dirijo, tenho certeza de que *tu* sabes e me capacitarás a chegar ao ponto que devo atingir. Obrigada, Senhor, por me ensinares como devo caminhar na total dependência de ti, pois sei que é nessa dependência que reside minha bênção suprema.

Emilie Barnes

A submissão do coração

Derrubou príncipes de seus tronos e exaltou os humildes.

Lucas 1.52

No Novo Testamento descobrimos que a palavra "humildade" indica uma qualidade pessoal de dependência em relação a Deus e de respeito em relação às pessoas. Não é um instinto natural, mas, sim, uma virtude divina, adquirida por meio de uma vida santa.

Enquanto a mente do homem natural é egoísta e orgulhosa, a essência da mente de Jesus é altruísta e amorosa. Cristo nos deu o grande exemplo de uma conduta apropriada: agradar a Deus.

Nosso coração deve ser transformado pelo Espírito Santo de modo que possamos refletir o amor de Deus para com os outros por meio do exemplo de humildade de Jesus.

Corrie ten Boom, uma holandesa incrível que sobreviveu ao horror da Segunda Guerra Mundial, passando pelos campos de concentração da Alemanha, recebeu muitos elogios pelo que fez durante seu confinamento e, no entanto, permaneceu impassível diante de todas as homenagens. Quando indagada sobre como ela conseguia se manter tão humilde em meio a todas aquelas honrarias, ela humildemente respondeu: "Aceito cada elogio como uma flor, e toda noite junto as flores em um ramalhete e o deposito aos pés de Jesus, que é o lugar apropriado para a glorificação".

Nosso mundo está cheio de homens e mulheres ávidos por acumular as honrarias de Deus sobre a própria cabeça. Mas Deus tem um jeito de nos humilhar. Minha experiência pessoal me ensinou que preciso apresentar-me diante de seu trono de braços abertos e curvar-me humildemente diante dele, procurando o que ele reserva para minha vida. Todas nós precisamos aprender essa lição de humildade na vida, porque Deus prometeu que, se não nos humilharmos, ele o fará por nós.

Quando Cristo entrou no mundo grego, sua característica humildade foi odiada pelos gregos. Mas Jesus entrou como um salvador humilde. Ele se tornou obediente à vontade de Deus, e isso o conduziu à própria morte na cruz. Ao longo da caminhada de Jesus sobre a terra, ele ensinou as pessoas a serem humildes perante Deus e perante os homens.

Em Lucas 1.52, acima mencionado, vemos que Deus exaltará os humildes. A humildade provém de Deus e resulta em louvor a Deus.

Luz da oração

> Deus Pai, tu sabes como desejo depositar meu ramalhete de flores aos teus pés e dirigir-te todo louvor. Sei que não sou nada sem ti. Escolheste uma mulher comum e a elevaste a um ponto do qual não me sinto digna. Obrigada por cumprires em mim tua promessa. Que através de minha vida possas ser magnificamente louvado e exaltado. Sinto-me humilde sabendo que podes me usar nesta vida. Que eu toque as pessoas de modo que elas saibam que viram e sentiram Jesus.

Elizabeth George

Contando com a graça e a paz de Deus

Que vocês tenham cada vez mais graça e paz.

1PEDRO 1.2

Você é uma pessoa especial. Eu sei. Sabe como eu sei? Você está buscando graça e paz ao dedicar tempo a seu devocional e à Palavra de Deus. Quando Deus vive dentro de nós, seu Espírito nos faz ansiar por uma vida calma e de paz.

Você está lutando ou sofrendo? Está enfrentando uma perda dolorosa? Uma reação comum das mulheres quando alguém lhes pede pela primeira vez que adote um espírito gentil e manso é declarar: "Mas eu não consigo ser assim. Não consigo manter a calma diante de um problema".

Verdade, se estivermos contando com nossa força. Mas, quando nos apropriamos dos grandes capacitadores de Deus: sua graça e sua paz, podemos conquistar a bondade e a mansidão até em momentos difíceis. Nós simplesmente precisamos:

- *Contar com a graça de Deus.* Ela nos é oferecida. Está presente e disponível.
- *Orar pedindo a graça divina.* Sua consciência da graça de Deus se ampliará quando você lhe der mais e se entregar mais.
- *Continuar levando a vida.* Sejam quais forem nossas lutas, é possível, e importante, ter algo positivo a mostrar em troca do sofrimento, como: quanto Deus nos ama e cuida de nós, e quanto ele nos provê.

É maravilhoso refletir sobre a graça e a paz de Deus. São dois dos mais belos presentes que ele nos concede. As próprias palavras comovem nossa alma.

A *graça* é ativa e significa "favor". Assim, em qualquer ocasião, seja qual for a situação, você dispõe do favor de Deus. Você tem aquilo de que precisa para resistir, lidar com o caso e sair vencedora. Pedro ora para que a graça de Deus esteja com as pessoas às quais está escrevendo, incluindo você e eu.

A *paz*, em contrapartida, é passiva e se refere ao descanso. E assim, cara leitora, em qualquer situação, em qualquer ocasião ou necessidade, você dispõe da graça de Deus. Você tem o descanso de Deus *em* seu sofrimento.

Sim, porque sofremos por praticar o que é certo e somos habilitadas pela graça de Deus e desfrutamos sua paz, porque nos revestimos do espírito suave e calmo de Deus e dependemos do Senhor, e não de esforços e emoções humanas, porque esperamos que ele nos ajude a ver sentido nos momentos sofridos, por tudo isso, no fim, temos de fato muito a mostrar. Sempre que suportamos momentos difíceis, sentimos que a glória do Senhor, no fim, realmente se revela. Como declarou o salmista: "Provem e vejam como o SENHOR é bom! Como é feliz o que nele se refugia!" (Sl 34.8).

Luz da oração

Deus, clamo a ti neste momento difícil. Tua graça e paz me levam a adotar um espírito gentil e tranquilo até mesmo agora... especialmente agora. Hei de confiar em tua força, e não na minha, enquanto aguardo que me concedas cura e orientação.

Lysa TerKeurst

Minha amiga ateia

Deus enviou seu Filho ao mundo não para condenar o mundo, mas para salvá-lo por meio dele.

João 3.17

Tenho uma amiga que é uma pessoa maravilhosa e excelente mãe. Gostamos de observar nossos filhos fazendo esportes juntos e, quando há tempo, de malhar juntas na academia. Nós nos respeitamos e nos preocupamos uma com a outra, mas nossos pontos de vista têm origens totalmente díspares. Eu sou uma cristã apaixonada, convicta. Ela é uma ateia irredutível.

Sem discutir muito sobre o assunto, basicamente concordamos em discordar. Mas existe algo muito impressionante acontecendo nos bastidores: ela vê Jesus em mim.

Alguns dias atrás, estávamos discutindo "a verdadeira beleza" enquanto suávamos gastando energias em abdominais. Ela me disse que seu terapeuta lhe havia pedido recentemente que descrevesse uma pessoa que fosse um exemplo de beleza feminina e ela logo lhe respondeu: "Deborah Norville". Mas, depois de pensar um pouco mais, ela mencionou meu nome.

Eu ri e lhe disse que a única imagem que deve ter lhe ocorrido quando pensou em mim foi a de uma mulher suada em trajes de ginástica, com um desalinhado rabo de cavalo e sem nenhuma maquiagem. Como se poderia ver beleza nessa imagem? A resposta dela tocou-me o coração. "Lysa, é o que você tem no interior que é muito bonito!"

Fiquei impressionada. Não por causa do elogio que recebi, mas por causa do meu doce Jesus. Estou convencida de que ela vê o brilho de Jesus transparecer através de minhas muitas rachaduras e se sente atraída por ele em mim. Até uma ateia traz estampadas na alma as impressões digitais de Deus. Seu ser mais profundo foi criado pela mão de Deus, e algo dentro dela deve reconhecê-lo, ainda que muito de leve. É nesse ponto, então, que começo a dar-lhe meu testemunho. Nada de debate prolongado. De discussão teológica. Nada de fogo do inferno com enxofre. Eu simplesmente vivo e amo a verdade de Jesus, e a torno conhecida por minha interação com ela e com outras pessoas.

Ela não vai mostrar interesse em conhecer Jesus antes de conhecer a verdade dele concretizada em minha vida. Que desafio para todos nós! Muitas pessoas se afastam de nós, cristãos, porque nos ouvem dizer uma coisa e praticar outra. Então desejo intensamente que minha vida proclame Jesus. Quero falar dele ao mundo inteiro. Estou muito convencida de que terei o privilégio de poder, um dia, sentar-me para tomar um café com minha amiga ateia e ouvi-la dizer: "Eu quero o que você tem. Você me faz pensar que Deus pode mesmo existir. Você me ensina?".

E que dia será esse!

Luz da oração

> Amado Senhor, obrigada pelo privilégio de te conhecer. Obrigada por transformar minha amargura em alegria, meu horrível passado num futuro cheio de esperança e meus sonhos desfeitos em promessas cumpridas. Ajuda-me a refletir tua realidade em mim. Quero levar muitas pessoas à esplêndida esperança que só pode ser encontrada em ti. Que assim seja, todos os dias da minha vida.

Kay Arthur

Palavras de fé quando você se sente sem foco

Aqueles que ainda estão sob o domínio de sua natureza humana não podem agradar a Deus. Vocês, porém, não são controlados pela natureza humana, mas pelo Espírito, se de fato o Espírito de Deus habita em vocês.

Romanos 8.8-9

No fundo de sua alma, você está insatisfeita ou até mesmo infeliz? Quase todo mundo se sente assim em algum momento da vida, mesmo aqueles que parecem ter tudo o que lhes deveria trazer felicidade. Infelizmente, isso também inclui muitos cristãos.

Você já se perguntou por quê? Especialmente aqui no continente norte-americano, onde, pelo menos hoje, nenhum outro grupo de cristãos tem tanta liberdade religiosa?

No entanto, apesar dessa liberdade e desses recursos, estamos sofrendo, infelizes e relativamente impotentes. Desconhecemos o poder que habita em nós.

Enquanto eu estava sentada refletindo no texto de meu estudo semanal, a afirmação "o foco precisa estar em *Deus*, e não na *vida*" chamou-me a atenção. De repente tudo se encaixou: a infelicidade surge quando *nós* somos o foco de nossa vida.

Raciocine comigo por um instante.

O que é muito enfatizado no mundo de hoje? Não é o "eu", o indivíduo? Esse é com certeza o foco da sociedade: autoestima, autorrealização, autoatualização... Então, pense na ênfase de muitos de nossos ensinamentos cristãos, de livros, seminários, rádio e TV. O foco não incide também sobre o *eu*?

E o que esse enfoque está conseguindo realizar? A maioria dos cristãos consegue sentir-se mais feliz? Mais produtiva? Os cristãos estão sendo usados por Deus para impactar a sociedade em que estão inseridos? As estatísticas nos dizem que *não*!

Mas, quando o foco incide sobre Deus, e não sobre o eu, tudo cai para segundo plano com relação à vontade dele para nossa vida. Em essência, nada mais tem realmente importância. Deus é o único a quem temos de agradar. Ele é o único a quem devemos realmente dar satisfação. Se tivermos Deus como o centro de tudo, o que ele realiza em nossa vida refletirá sua natureza, sua imagem.

Quando nos libertarmos da escravidão de agradar aos outros (inclusive ao próprio eu), de granjear seus favores ou aprovação, então os outros (e o eu) não conseguirão nos deixar infelizes ou insatisfeitas, pois somente o que for do agrado de Deus nos agradará, e nos sentiremos satisfeitas: "Acaso estou tentando conquistar a aprovação das pessoas? Ou será que procuro a aprovação de Deus? Se meu objetivo fosse agradar as pessoas, não seria servo de Cristo" (Gl 1.10).

Luz da oração

Pai, tu és o centro de tudo. Por isso, desejo glorificar-te por meio de tudo o que eu fizer. Que eu jamais perca de vista que tu deves ser o foco de meus pensamentos, minhas palavras e meus atos.

Julie Clinton

Eu decidi

Escolham hoje a quem servirão.

JOSUÉ 24.15

Decisões, decisões, decisões... Todos os dias estão cheios de decisões. Tudo começa no momento em que acordamos. O que vamos vestir? O que vamos preparar para o café da manhã, para o almoço e para o jantar? A que programas vamos assistir na televisão? (Pensando melhor, quem tem tempo para sentar-se e ver televisão?) Que tarefas vamos fazer primeiro? E a lista se estende e não acaba nunca.

Acredito que uma vida plena é vivida no momento de uma decisão. Por exemplo, enquanto dirige seu carro, a todo instante você precisa decidir que rumo tomar a fim de alcançar seu destino: vai virar à direita, à esquerda ou seguir em frente? E essas decisões vão dizer se você se aproxima ou se afasta mais do ponto aonde deseja chegar.

Pensemos em um exemplo mais pessoal. Se uma mãe decide não permitir que a desobediência de seus filhos determine o valor e a eficiência dela como mãe, ela escolhe dar um passo na direção da vida plena e abundante que Deus lhe reserva. Em João 10.10, a Bíblia diz: "O ladrão vem para roubar, matar e destruir. Eu vim para lhes dar vida, uma vida plena, que satisfaz". Uma vida plena é o sonho de Deus para nós, sonho que se realiza de maneiras diferentes para cada indivíduo.

Quando você decide aguentar firme e viver seus sonhos, sejam quais forem as circunstâncias, está decidindo pelo caminho certo.

Está decidindo viver o sonho de Deus em relação a você. Pare hoje um instante para pensar sobre cada uma de suas decisões. Olhe para dentro de si mesma. Suas decisões pessoais têm trazido realização, sentimento de gratidão a Deus? As decisões que tem tomado com relação a seu marido têm trazido solidez a seu casamento? Você tem honrado e glorificado a Deus em tudo o que faz? Lembre-se do mandamento: "Portanto, quer vocês comam, quer bebam, quer façam qualquer outra coisa, façam para a glória de Deus" (1Co 10.31).

E que dizer das decisões com respeito a seus filhos, seus amigos, seus companheiros de trabalho, seus irmãos na igreja? Você acredita que Deus tem aprovado suas decisões? Você tem visto nelas o caminho rumo à vida plena que Deus deseja e sonha para você? Pense nisso. Deus quer lhe dar vida plena, que satisfaz.

Luz da oração

Amado Pai celestial, guia-me segundo a tua vontade em relação a minha vida. Ajuda-me a buscar tua face em primeiro lugar e acima de tudo antes de tomar qualquer decisão pessoal, ou que envolva a família, a igreja ou o trabalho. Eu sei que sem ti nada posso fazer. Ajuda-me a permanecer no caminho que estabeleceste para a minha vida! Eu te amo, Senhor!

Julie Clinton

Criadas para relacionamentos

Façamos o ser humano à nossa imagem.

GÊNESIS 1.26

Você não precisa avançar muito na leitura da Bíblia para perceber que fomos criadas para relacionar-nos com Deus e com as pessoas que têm um papel importante em nossa vida. De fato, Gênesis 1.26 é a primeira referência bíblica que mostra a natureza trinitária do próprio Deus: "*Façamos* o ser humano à *nossa* imagem". Servimos a um Deus relacional. Três pessoas distintas: o Pai, o Filho e o Espírito Santo. Um único Deus.

A Escritura é clara: não fomos criadas para estar sozinhas (Gn 2.18). No entanto, muitas coisas hoje em dia corroem e dilaceram os relacionamentos e desafiam o amor e o afeto pelo marido, pelos filhos, amigos e colegas de trabalho. Nosso tempo exclusivo para estar com Deus tornou-se uma mercadoria cada vez mais preciosa.

Mas a Bíblia diz que fomos criadas para *não* estar sozinhas — tantas pessoas rolam à noite na cama chorando até o sono chegar, embaladas pelo simples desejo de que alguém as possa entender. Elas anseiam profundamente que alguém as conheça, só para lhes fazer companhia. Mas Deus não quer isso para você. O sonho dele é que você se envolva em relacionamentos vibrantes, sadios, edificantes, fecundos, reanimadores e encorajadores. Ele quer que você saiba que ele está presente para você e com você.

Somos seres relacionais. Assim fomos criados. Todos. Precisamos uns dos outros. "Ajudem a levar os fardos uns dos outros e obedeçam, desse modo, à lei de Cristo" (Gl 6.2). Acima de tudo, precisamos de Deus. E ele está disponível. Sempre. Então, o que nos impede de ter um relacionamento íntimo com nosso Deus criador? "O que está afetando meu relacionamento com as pessoas que amo?".

Vivemos muitas vezes num ritmo alucinante, é verdade, mas não podemos negligenciar o que é mais importante. O que é prioridade máxima: nosso relacionamento com Deus: "Busquem, em primeiro lugar, o reino de Deus e a sua justiça" (Mt 6.33). Desse relacionamento íntimo com o Criador é que obtemos força e direção para os relacionamentos com aqueles que amamos, com aqueles fazem diferença em nossa vida.

Você não precisa, nem deve, viver sozinha. Você *não* foi criada para estar só. Portanto, não deixe que a solidão estrague a alegria de ter relacionamentos sadios em sua vida.

Luz da oração

Pai, obrigada por me criar à tua imagem. Mostra-me as barreiras que me impedem de te buscar e ajuda-me a desenvolver uma intimidade contigo. Por favor, dá-me a coragem de enfrentar as coisas que afetam meus relacionamentos com as pessoas que mais amo.

Jennifer Rothschild

Como ver o mundo

Não imitem o comportamento e os costumes deste mundo, mas deixem que Deus os transforme por meio de uma mudança em seu modo de pensar, a fim de que experimentem a boa, agradável e perfeita vontade de Deus para vocês.

ROMANOS 12.2

Certa vez, deitado sobre o *futon*, Connor confessou-me, cheio de confiança:

— Mãe, quero ser astronauta.

Ele tinha na época cinco anos e estava prestes a ingressar no jardim de infância, então percebi que ele tinha pensado muito, e seriamente, sobre essa decisão.

— Mas por que você quer ser astronauta, Connor?

— Bem — observou ele — os astronautas podem caminhar na lua e ver o mundo melhor do que ninguém.

— Isso é interessante — respondi. — Como se pode ver o mundo tão bem lá de cima?

— O mundo fica mais fácil de ver — explicou-me — quando a gente não está nele.

Meu pequeno astronauta fez uma observação pungente que a mãe dele, presa à terra, teve de aceitar. É difícil ver o mundo com clareza quando se está no meio da rotina que ele implica. Quando nós, cidadãs do céu, passamos tempo demais recebendo as mensagens do mundo, ficamos insensíveis. Reconhecemos cada vez menos como o mundo é alheio a nossa verdadeira cultura.

Às vezes só precisamos decolar, assumir uma nova perspectiva do céu e voltar a contemplar nosso planeta e seus métodos através da lente da Escritura. Então o veremos de modo mais claro.

Sendo peregrinos, nossos costumes não são os deste mundo; são os costumes do reino.

O mundo nos manda defender o que é nosso e cobrar caro de quem viola nossos direitos, mas nosso costume é o perdão (Mt 6.14; Lc 17.3-4).

O mundo nos manda pensar só em nós mesmas e lembrar que a caridade começa em nossa casa, mas temos como costume a bondade e a compaixão (Ef 4.32; Cl 3.12).

O mundo nos manda pegar tudo o que pudermos, comprando agora para pagar depois, mas nosso costume é a grande generosidade (Mt 5.41-42).

O mundo nos afirma que devemos "simplesmente agir", mas nosso costume é a autodisciplina (2Pe 1.5-8).

O mundo prega que podemos conseguir tudo do nosso jeito, mas nosso costume é o altruísmo e a humildade (Fp 2.3).

O mundo afirma ser a verdadeira realidade, mas nosso costume consiste em fixar os olhos em realidades invisíveis (2Co 4.18).

O mundo nos manda pensar: "Eu tenho méritos", mas nosso costume é reconhecer: "Os méritos são de Deus" (Ap 4.11).

Nós, que cremos, somos chamadas a viver no mundo e, no entanto, somos igualmente aconselhadas a evitar que o mundo nos comprima em seu molde.

Quando pairamos no alto, sustentadas pelas asas da verdade, quando somos carregadas pelos ventos da graça, então podemos ver nosso mundo e nossa função nele com muito mais clareza.

Luz da oração

Pai amado, peço-te que me concedas ver a vida pela tua perspectiva. Que eu enxergue e compreenda tudo não de acordo com os ditames do mundo, mas pela ótica do teu Santo Espírito.

Elizabeth George

Definição da verdadeira sabedoria

Mas a sabedoria que vem do alto é, antes de tudo, pura. Também é pacífica, sempre amável e disposta a ceder a outros. É cheia de misericórdia e é o fruto de boas obras. Não mostra favoritismo e é sempre sincera. E aqueles que são pacificadores plantarão sementes de paz e ajuntarão uma colheita de justiça.

TIAGO 3.17-18

Uma vida de encantadora cortesia molda o fruto da sabedoria e de suas extraordinárias fragrâncias de humildade e gentileza. Muito podemos dizer sobre a fé presente na vida de uma pessoa quando observamos quanto ela semeia a sabedoria e a paz. O mundo julga a beleza com base em elementos externos: o estilo de cabelo de uma mulher, a grife das roupas, o valor monetário da casa e do carro. Mas a beleza de Deus se derrama na forma de edificantes e piedosas palavras de sabedoria, que trazem bênçãos ao coração de quem as ouve.

Considere estas definições e explicações das oito características que Tiago compartilha sobre a sabedoria espiritual, que vem do alto.

- *Pura:* A verdadeira sabedoria está isenta de segundas intenções e de egoísmo.
- *Pacífica:* A verdadeira sabedoria promove paz nos relacionamentos com outras pessoas e com Deus.
- *Amável:* A verdadeira sabedoria oferece perdão e trata a todos com bondade e consideração.

- *Disposta a ceder a outros:* A verdadeira sabedoria é marcada pela disposição de ouvir e pela percepção de saber quando ceder.
- *Cheia de misericórdia:* A verdadeira sabedoria estende a mão para ajudar as pessoas.
- *Fruto de boas obras:* A sabedoria produz "bons frutos".
- *Não mostra favoritismo:* A verdadeira sabedoria não hesita nem vacila nas decisões, não tem preferências na distribuição da verdade e na defesa de seu padrão.
- *Sincera:* A verdadeira sabedoria não envolve decepção, pretensão ou egoísmo.

Como você se saiu nesse *checklist*? Esses "bons frutos" são evidentes em sua vida? Você descobriu que alguma dessas marcas de sabedoria está ausente em seus lábios ou em seus procedimentos? Pense um instante sobre seus relacionamentos e sua influência sobre as pessoas. Você promove paz e justiça?

Que seu coração seja cheio de sabedoria! E suas palavras, repletas da sabedoria de Deus. Que sua oração seja uma humilde súplica para que você nunca coloque a si mesma ou suas opiniões acima das necessidades alheias. Torne-se essa pessoa semeadora de paz em sua família. Profira palavras de compaixão e seja sincera ao perdoar. Você experimentará a benevolente beleza de uma vida que extravasa a verdadeira sabedoria: a sabedoria de Deus.

Luz da oração

Meu Senhor, quando me apoio em minha sabedoria e nas influências do mundo, acabo semeando descontentamento e ciúme. Não quero me apoiar em minhas emoções ou em tendências do momento. Quero que minha vida produza o fruto de tua sabedoria para que eu possa trazer bênçãos às pessoas e louvor ao teu nome.

Sharon Jaynes

Dona Sharon, a senhora está conduzindo de novo

Esposas, sujeite-se cada uma a seu marido, como ao Senhor.

Efésios 5.22

Ao mesmo tempo em que batia de leve em meu ombro, a professora de dança de salão disse:

— Dona Sharon, a senhora está conduzindo de novo.

Por que renunciar ao controle era tão difícil para mim? Por que eu não queria ceder quando Steve me apertava suavemente ou me soltava? Por que eu tinha tanta dificuldade em permitir que ele me conduzisse?

— Seu marido tem o papel mais difícil — disse a professora. — Ele tem de aprender todos os passos, e a senhora só precisa segui-lo. Cabe a ele fazê-la brilhar, mas a senhora precisa responder às dicas que ele lhe der.

Tive então um momento extraordinário com Deus à medida que ele me fazia entender o significado da simbiótica dança do casamento. A aula de dança era um microcosmo do que Deus queria que fosse um casamento. Duas pessoas movendo-se como uma só: "Por isso o homem deixa pai e mãe e se une à sua mulher, e os dois se tornam um só" (Gn 2.24). Unindo-se e separando-se, sempre conectadas. A fluida arte do movimento planejada por Deus.

Deus, em seguida, ampliou a lição e mostrou-me que ele é o condutor supremo na dança da vida, e às vezes eu me recuso a ceder-lhe o controle. Recuso-me a aceitar suas suaves cutucadas e toques orientadores. "Posso fazer isso sozinha", vanglorio-me. Que ingenuidade! Esqueço-me de que "Se o SENHOR não constrói a casa, o trabalho dos construtores é vão. Se o SENHOR não protege a cidade, de nada adianta guardá-la com sentinelas" (Sl 127.1). Sim, sem ele nada posso fazer. A consequência? A dança fica atrapalhada e tropeço em meus próprios pés. Já não há belas valsas no decorrer de meus dias nem ritmados chá-chá-chás sintonizados com o compasso divino da vida. Quando quero conduzir, tropeço e caio. Como disse o patriarca Jó ao Senhor, "Sei que podes fazer todas as coisas, e ninguém pode frustrar teus planos" (Jó 42.2)

Mas, na dança dos dias, quando Deus me conduz com mão suave e eu renuncio ao controle em prol de meu condutor, nossos pés, como se fossem um só, se movem em giros e guinadas, em rodopios e mesuras. O fluxo da vida é uma obra-prima coreográfica feita de movimento, beleza e graça.

Luz da oração

Meu Pai, que alívio é saber que tu estás no controle de todas as coisas. Perdoa-me pelas vezes em que tentei conduzir minha vida, à revelia de tua vontade. Sei que a condução de tudo depende do teu querer, e não do meu, por isso me rendo a ti e peço-te que faças conforme queres, mesmo nos momentos em que me esqueço e tento vencer as lutas pela força de meu braço.

Sharon Jaynes

Suas cicatrizes são belas aos olhos de Deus

Proclamem em alta voz! Contem a todos que ele os resgatou de seus inimigos.

SALMOS 107.2

Eram passados apenas alguns dias depois da Páscoa e eu estava lendo sobre a ressurreição de Jesus no evangelho de João, capítulo 20. Tinha lido essa história muitas vezes, mas dessa vez Deus me revelou algo que eu nunca havia notado.

Mentalmente vi Maria chorar em meio à nevoa do alvorecer que pairava sobre o jardim e o sepulcro onde o corpo de Jesus havia sido colocado três dias antes. Eu a vi correr para contar aos discípulos sobre a conversa que tivera com o Senhor ressuscitado. Imaginei Pedro e João contemplando o túmulo vazio.

"Ele não está aqui", sussurrou João enquanto inspecionava o interior do túmulo. "O corpo desapareceu".

E, mais tarde, quando o grupo de discípulos estava em seu esconderijo, vi Jesus aparecer no meio deles. Ele entrou sem bater. Sem abrir a porta. Simplesmente apareceu.

> Ao entardecer daquele primeiro dia da semana, os discípulos estavam reunidos com as portas trancadas, por medo dos líderes judeus. De repente, Jesus surgiu no meio deles e disse: "Paz seja com vocês!". Enquanto falava, mostrou-lhes as feridas nas mãos e no lado. Eles se encheram de

alegria quando viram o Senhor. Mais uma vez, ele disse: "Paz seja com vocês! Assim como o Pai me enviou, eu os envio".

João 20.19-21

Então eu me dei conta de que os discípulos não o reconheceram. Ele se parecia com Jesus, falava como Jesus, mas... como poderia ser Jesus?

Para convencê-los, Jesus fez um simples gesto. Estendeu os braços e mostrou as mãos perfuradas pelos pregos. Suspendeu a túnica e descobriu seu flanco trespassado pela lança.

Foi então que eles acreditaram.

"Ó Deus", orei, "eles não reconheceram Jesus até que ele lhes mostrou suas cicatrizes."

"Sim, minha filha", ele pareceu me dizer. "Era isso que eu queria que você percebesse. Eles não reconheceram Jesus até que ele lhes mostrasse suas cicatrizes, e é assim que ainda hoje outras pessoas o reconhecem: quando homens e mulheres que experimentaram a cura de feridas passadas não se envergonham de mostrá-las a um mundo ferido."

Luz da oração

Pai, ajuda-me a mostrar as cicatrizes de Cristo para este mundo tão necessitado de compreender a mensagem da cruz. E que eu faça isso ao revelar minhas próprias feridas do passado, que tu curaste. Não há espaço para vergonha, Senhor, por isso fortalece-me e concede-me destemor, para levar a extraordinária mensagem da vida eterna a todos os que estão sangrando mas nem mesmo percebem. E que, assim, o reconheçam e entreguem-se sem reservas ao teu amor transformador.

Kay Arthur

Palavras de obediência quando você enfrenta provações

Meus irmãos, considerem motivo de grande alegria sempre que passarem por qualquer tipo de provação, pois sabem que, quando sua fé é provada, a perseverança tem a oportunidade de crescer. E é necessário que ela cresça, pois quando estiver plenamente desenvolvida vocês serão maduros e completos, sem que nada lhes falte.

TIAGO 1.2-4

Quantas vezes você ouviu uma pessoa que acabava de viver alguma boa experiência compartilhar a frase "o Senhor foi tão bom conosco"?

Eu já a ouvi muitas vezes. Na verdade, de meus próprios lábios. No entanto, será que diríamos isso se algo ruim houvesse acontecido? Provavelmente não. Parece que só associamos bênção à bondade de Deus, ignorando o propósito das provações, vistas como assaltantes, decididos a roubar-nos a alegria ou a percepção da bênção e da bondade de Deus.

Como estamos presas à terra! Tiago diz que devemos considerar "motivo de grande alegria sempre que [passarmos] por qualquer tipo de provação". Isso significa que toda provação tem um propósito: torná-la madura, íntegra e semelhante a Cristo, daí nenhum filho de Deus estar livre de provações.

Como cada uma de nós é única, Deus dispõe de um conjunto único e individual de circunstâncias que utilizará para refinar-nos e purificar-nos. Segundo a tradição, Pedro foi crucificado, sofrendo o martírio durante o reinado de Nero. João foi exilado na ilha de Patmos. Cada um deles teve um conjunto de circunstâncias único, mas ambos foram abençoados, e suas provações de fé, únicas, serviram para torná-los mais semelhantes a Jesus Cristo.

Quando vierem as provações — o que inevitavelmente acontecerá — não fuja, nem inveje pessoas que possam parecer mais abençoadas por Deus porque não estão passando pelo que você está passando. Em vez disso, reconheça a bondade de Deus em permitir que você seja provada. Considere tudo motivo de alegria!

Luz da oração

Senhor, ajuda-me a compreender e, como ensina tua Palavra, a considerar as provações motivo de alegria. Torna-me capaz de contemplar o que está além do natural, no longo caminho para a eternidade. Que eu consiga enxergar o resultado final: assemelhar-me cada vez mais a teu Filho, que morreu para que eu tivesse vida em abundância. Que, a exemplo de teu servo Pedro, eu também possa mostrar uma fé autêntica e dizer: "alegrem-se com isso, ainda que agora, por algum tempo, vocês precisem suportar muitas provações. Elas mostrarão que sua fé é autêntica. Como o fogo prova e purifica o ouro, assim sua fé está sendo experimentada, e ela é muito mais preciosa que o simples ouro. Isso resultará em louvor, glória e honra no dia em que Jesus Cristo for revelado" (1Pe 1.6-7).

Emilie Barnes

Porque fui feita de modo tão extraordinário, sou especial

Eu te agradeço por me ter feito de modo tão extraordinário; tuas obras são maravilhosas, e disso eu sei muito bem.

SALMOS 139.14

Certa noite, Chad, nosso neto então com sete anos, estava me ajudando a pôr a mesa para o jantar. Sempre que nossos netos nos visitam, seguindo uma tradição, homenageamos alguém com nosso prato vermelho que diz "Você hoje é especial" (mesmo quando não se trata de um aniversário, de alguma data comemorativa ou ocasião especial). Naturalmente, perguntei ao Chad:

— Quem vamos homenagear hoje com nosso prato especial?

— Que tal *eu mesmo*? — Chad sugeriu.

— Tá certo, você é especial — respondi. — É o seu dia.

Ele se sentiu muito orgulhoso quando todos nos sentamos à mesa e fizemos nossa oração de agradecimento. Em seguida, ele declarou:

— Acho que seria muito legal se todos os que estão à mesa me dissessem por que acham que sou especial.

Bob e eu rimos ao ouvir aquilo, mas achamos que poderia ser uma boa ideia e, assim, fizemos o que Chad sugeriu.

Depois que todos terminamos, Chad disse:

— Agora quero contar por que acho que sou especial. Sou especial porque sou filho de Deus.

Chad acertou na mosca. Salmos 139.13-14 nos ensina que Deus nos conhecia antes que fôssemos criados. Ele nos teceu no ventre de nossa mãe, e fomos feitos de modo especial e admirável.

Quando eu tinha 7, 10 ou mesmo 22 anos, não poderia ter dito a ninguém que era especial. Eu nem sequer falava, tamanha era minha timidez. Meu pai, alcoólatra, ficaria furioso e começaria a falar palavrões e arremessar coisas. Eu tinha medo de dizer a palavra errada, então não falava nada. A imagem que eu tinha de mim mesma não era muito boa. Mas chegou o dia em que li o salmo 139 e meu coração se incendiou com a percepção de que eu também sou especial porque sou filha de Deus. E o mesmo vale para você. Fomos feitas de modo extraordinário quando ele nos teceu no ventre de nossa mãe.

O versículo 16 diz: "cada dia de minha vida estava registrado em teu livro, cada momento foi estabelecido". Não é por acaso que você está lendo este texto devocional hoje. Talvez você também precise saber como é especial. Todas nós recebemos qualidades, talentos e dons singulares. E você, minha querida, foi feita por Deus. Você é filha dele. Ele a ama mais que qualquer pai terreno poderia amar. Sendo seu Pai celestial, o Deus onipotente, ele cuida de você mesmo quando você não cuida de si mesma. Você é filha dele mesmo quando se sente longe dele. Nunca é seu Pai celestial que se afasta de você. É você que se afasta dele.

O dia de hoje foi determinado por Deus para que você se aproximasse dele e permitisse que ele ficasse perto de você. Pois hoje é seu dia, minha amiga, "Você hoje é especial". Uma filha de Deus, como diria Chad.

Luz da oração

Deus Pai, obrigada por me fazer de modo tão extraordinário e especial; com um coração para te amar cada vez mais, todos os dias. Por favor, ajuda-me a aproximar-me de ti e a sentir tua presença. Obrigada por seres meu Pai celestial. Eu sei que nunca estou sozinha. Tu estás sempre comigo.

Jennifer Rothschild

Estafa ou descanso?

Jesus lhes disse: "Vamos sozinhos até um lugar tranquilo para descansar um pouco".

Marcos 6.31

Tentei aprender a detectar as causas da estafa antes de sentir a fumaça. No passado, quando a detectava, ela já estava atuando como um incinerador e eu já estava perdida em sua fornalha. Finalmente estou percebendo que o descanso precisa ser uma disciplina, e às vezes a disciplina é difícil!

Em Hebreus 3.19, Deus me mostra que, quando não consigo descansar (ou quando estou decididamente sem inclinação para isso), na verdade não estou disposta a confiar plenamente nele.

E isso, minha amiga, soa muito como incredulidade.

Meus antigos episódios de estafa tinham suas raízes na distorcida e realmente tola convicção de que eu deveria, de algum modo, ajudar Deus a realizar sua vontade. Se não lutasse, raciocinava eu sem embasamento, o todo-poderoso, onipotente Senhor do Universo não se sairia bem.

Ajudar a Deus a administrar o Universo é uma tremenda responsabilidade e um árduo trabalho. Isso pode deixar uma garota cansada! É óbvio que ele pode perfeitamente realizar tudo sozinho. Ele não precisa de nossa assistência, mas deseja nossa obediência. Jesus nos diz: "Tomem sobre vocês o meu jugo. Deixem que eu lhes ensine, pois sou manso e humilde de coração, e encontrarão descanso para a alma" (Mt 11.29).

Não consigo me lembrar de nenhuma passagem na Escritura em que Deus nos chama para nos estafarmos em seu serviço. Ele, na verdade, convida-nos a descansar, convida-nos a disciplinar nossa alma e encontrar nele o descanso, e não em nossas realizações em benefício dele.

Benjamin Franklin disse certa vez: "Aquele que consegue dominar o descanso é maior do que aquele que consegue dominar cidades".

Você sabe por que ele compara a capacidade de dominar o descanso com a capacidade de dominar cidades? Porque os dois casos requerem disciplina. Precisamos nos disciplinar para conseguir o descanso: emocional, mental e físico. (E, lembre-se, neste ponto Jennifer está pregando para si mesma!)

Descansar realmente significa submeter nosso controle ao calendário de Deus, entregar nossos planos para que ele os dirija e ceder nosso tempo ao horário dele. Até mesmo em seu atarefado projeto da criação, Deus tirou uma folga para descansar! Assim, fazer o mesmo significa seguir o exemplo dele. Disciplinar-se para descansar é um ato de boa administração.

A disciplina do descanso traz a liberdade inexistente nas consequências da estafa. Quando nos permitimos chegar à estafa, tornamo-nos ineficientes. Disciplinar-nos agora para o descanso é muito mais fácil do que nos livrar da prisão da estafa mais tarde.

Luz da oração

Senhor, ordenaste que os antigos israelitas observassem o sábado a cada sete dias. E também os instruíste a dar descanso à terra que semeavam de sete em sete anos. Ajuda-me a sempre ter em mente que, se a terra precisa de descanso para continuar sendo produtiva, quanto mais nós precisamos para produzir frutos em teu reino.

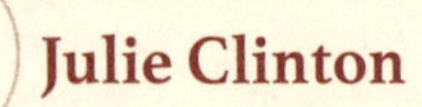

Julie Clinton

Um coração disposto

Confie no Senhor *de todo o coração; não dependa de seu próprio entendimento. Busque a vontade dele em tudo que fizer, e ele lhe mostrará o caminho que deve seguir.*

Provérbios 3.5-6

Quando vemos as pessoas deslizarem pela vida aparentemente sem ser perturbadas por tribulações e mágoas, podemos ser levadas a pensar: "Talvez Deus tenha reservado um sonho para mim também, mas eu o deixei escapar". Ou então: "Já avancei demais no caminho da vida para que Deus possa usar-me agora para seus propósitos". Ou ainda: "Talvez Deus queira me usar, mas neste exato momento minha vida está simplesmente complicada demais".

Quaisquer que sejam suas circunstâncias, origem, situação financeira ou habilidades, Deus está à procura de um coração disposto. Tendo um coração disposto, você estará aberta para que Deus trabalhe em você e por meio de você. As circunstâncias não importam. O que importa é a condição de seu coração. Ele está aberto? Está disposto? Está disponível?

A Bíblia está repleta de exemplos de pessoas que foram usadas por Deus mesmo quando as circunstâncias eram desesperadoras e aparentemente sem solução, como o caso da viúva de Sarepta (1Rs 17.10-16). Deus também usou pessoas que se sentiam incapazes de realizar o trabalho que o Senhor lhes ordenava. Moisés e Jeremias acreditavam não ter o dom da palavra. "Moisés, porém, disse a Deus:

'Quem sou eu para me apresentar ao faraó? Quem sou eu para tirar o povo de Israel do Egito?' [...] 'Ó Senhor, não tenho facilidade para falar, nem antes, nem agora que falaste com teu servo! Não consigo me expressar e me atrapalho com as palavras'" (Êx 3.11; 4.10). Moisés conduziu as negociações com o faraó para livrar do cativeiro o povo hebreu e liderou-o até alcançar a terra prometida (cf. Êx). Quanto a Jeremias, foi o profeta, o porta-voz do Senhor para seu povo durante um período conturbado de sua história, apesar de dizer a Deus: "Ó Soberano SENHOR, não sou capaz de falar em teu nome! Sou jovem demais para isso!" (Jr 1.6).

O importante, portanto, é ter um coração disposto, e isso é algo que você pode desenvolver. A Palavra diz que quando você se aproxima de Deus, ele se aproxima de você (Tg 4.8) e a capacita. Deus está pronto e esperando que você se disponha. Confie nele sejam quais forem as circunstâncias. O segredo de viver o sonho de Deus em relação a você é possuir um coração disposto!

Luz da oração

Abre meu coração, Senhor. Faz que ele esteja disposto a render-se a ti e aos maravilhosos planos que tens para minha vida. Confio que tens para mim sonhos que vão muito além do que eu tenho em mente.

Lysa TerKeurst

Antes que eu perca as estribeiras de novo

Fiquem muito atentos! Cuidem para que não se esqueçam daquilo que viram com os próprios olhos. Não deixem que essas lembranças se apaguem de sua memória enquanto viverem. Passem-nas adiante a seus filhos e netos.

DEUTERONÔMIO 4.9

Eu tinha pedido a minhas filhas que praticassem piano antes que a professora chegasse. Mas, como elas não me deram ouvidos, fiquei furiosa. Não foi a reação correta. Eu deveria ter reagido com calma, censurando a desobediência delas e mostrando-lhes as consequências dessa má escolha. Mas a raiva lançou minhas emoções no caos. Minha voz aumentou em volume e estridência. O simples fato de as crianças não terem praticado sua lição de piano não deveria ter-me causado tanta raiva. Então, qual foi de fato o problema?

Na semana anterior, a professora delas me havia dito que ficara evidente que minhas filhas não tinham praticado o suficiente. Ao ouvir isso, minha cabeça entrou em parafuso na tentativa de entender o que ela estava querendo me dizer: "Boa mãe é aquela que se certifica de que as filhas estudam piano pelo menos trinta minutos por dia. Boa mãe é aquela que ajuda os filhos a estarem em dia com o estudo teórico. Boa mãe é aquela que garante que cada filho progrida toda semana".

Comparei essas interpretações implícitas, mas presumíveis, com minha realidade. A realidade era que eu nem fazia ideia se naquela semana minhas filhas haviam praticado uma vez sequer. Ao confrontar, portanto, a realidade com o que imaginei ser o padrão estabelecido pela professora, senti-me extremamente incompetente. Deixei que as más escolhas de minhas filhas se tornassem um reflexo definidor do tipo de mãe que sou. Você já sentiu isso?

Há três verdades fundamentais das quais uma mãe deveria se lembrar em situações semelhantes.

Primeiro, recusar-se a mergulhar nos comentários alheios, supervalorizando-os. Nós, mães, somos mesmo capazes de nos pregar peças com suposições e interpretações malucas e comparações perigosas. A professora fizera apenas um comentário. E era isso o que eu tinha de entender.

Segundo, a irresponsabilidade tem consequências e a pressão deve recair sobre o irresponsável, e não sobre mim. Minhas filhas já têm idade suficiente para lembrar por si de praticar piano. Se forem irresponsáveis, elas é que devem se sentir constrangidas, e não eu.

E, finalmente, quando se trata de minha identidade, devo agir segundo fatos concretos. Se alguém esqueceu de praticar piano, ou cometeu qualquer ato irresponsável típico de crianças, não muda minha identidade. Não sou uma mãe perfeita, mas sou uma boa mãe. E um bom desempenho de mãe, nesse caso, significa amar os filhos, corrigi-los e mostrar boas atitudes, ações e reações.

Luz da oração

> Senhor, dá-me tua definição do que é ser boa mãe nesse caso. Tu me confiaste essas almas preciosas, e não quero estragar tudo. Ajuda-me a seguir tuas verdades e a resistir à atração de Satanás envolvendo comparações e suposições. Ajuda-me a controlar as emoções.

Stormie Omartian

Sem medo das trevas

Se vocês caminham na escuridão, sem um raio de luz sequer, confiem no Senhor *e apoiem-se em seu Deus.*

Isaías 50.10

Quando dei à luz meu primeiro bebê, o médico anunciou: "É um menino!".

Não me esqueci daquela informação e não precisei insistir perguntando: "Meu bebê é menino ou menina?". E quando acordei no hospital, na manhã seguinte, não pedi à enfermeira: "Diga-me de novo é um menino ou uma menina?".

Desde o instante em que ouvi que era um menino, ninguém mais precisou repetir isso. A partir desse momento, eu sabia. Uma visão completa para o futuro do meu filho se formou em minha mente no segundo em que soube da verdade.

Essa experiência é igual para todas as mães e todos os pais. Ou para qualquer pessoa que recebe uma boa notícia que muda sua vida. Deus quer que você tenha a mesma certeza em relação a ele. Ele quer que você esteja tão convencido da presença dele em sua vida que até mesmo quando não conseguir senti-la, percebê-la ou enxergá-la você saiba que ele está presente. Ele quer que tenha absoluta certeza de que a luz de seu Espírito em você nunca se apagará. Não precisa ficar procurando essa luz. Não precisa duvidar dela. Nenhuma circunstância consegue ofuscá-la. Ela está presente agora e por toda a eternidade.

Uma das maneiras pelas quais Deus nos certifica de sua luz é permitindo que nós a testemos nas trevas. Mas as trevas não devem inspirar medo. Elas foram criadas por Deus visando aos propósitos dele. "Formo a luz e crio as trevas" (Is 45.7). Deus às vezes permite que as trevas se adensem em nossa vida para nos fazer crescer e nos ensinar sobre ele. E algumas coisas que realizamos nas trevas não podem acontecer em nenhum outro contexto.

Pense no que acontece quando há um corte de energia em sua casa, à noite. Você mal consegue atuar no escuro. Movimenta-se com cuidado, um passo por vez, tentando tocar coisas conhecidas para firmar-se e orientar-se até conseguir achar uma lanterna, uma vela ou o interruptor de um gerador. Se alguém estiver segurando uma fonte de luz, você segura a mão dessa pessoa para poderem movimentar-se juntas. Você não dá nenhum passo até ter certeza de que as duas estão indo na mesma direção.

É exatamente assim que Deus usa as trevas em nossa vida. Andamos nas trevas até percebermos nelas a luz *divina*. Ele quer que *lhe* estendamos a mão para podermos ter certeza de que estamos indo no mesmo sentido. Ele deseja que fiquemos perto dele para sentir sua presença em todas as situações.

Luz da oração

Senhor, eu te agradeço porque, ao caminhar contigo, não preciso temer as trevas. Nos momentos mais escuros, tu me reservas tesouros. Em toda circunstância, tua presença e graça me confortam e iluminam. Creio em ti e sei que me tiraste das trevas do desespero, da futilidade e do medo. Agradeço-te, pois a cada passo que eu der, graças à luz que me concedes, de nada mais hei de precisar.

Jennifer Rothschild

Pétalas

Pois vocês sabem que o resgate para salvá-los do estilo de vida vazio que herdaram de seus antepassados não foi pago com simples ouro ou prata, que perdem seu valor, mas com o sangue precioso de Cristo, o Cordeiro de Deus, sem pecado nem mancha. Ele foi escolhido antes da criação do mundo, mas agora, nestes últimos tempos, foi revelado por causa de vocês. Por meio de Cristo, vocês vieram a crer em Deus. Depositam sua fé e esperança em Deus porque ele ressuscitou Cristo dos mortos e lhe deu grande glória.

1PEDRO 1.18-21

Um vaso antigo guardado em um baú contém algumas das coisas mais valiosas que possuo. Aos olhos de um observador desatento, pode parecer um amontoado de pétalas, mas na realidade cada uma foi colocada ali intencionalmente nos últimos vinte anos. Embora cada pétala tenha cor, textura e tamanho diferente, o que todas têm em comum é que um dia constituíram lindas rosas e que cada uma representa algo que me é muito caro.

Mas existe outra rosa, uma rosa preciosa, que não está contida nesse antigo vaso. É uma rosa que nasceu na antiga Belém. Floresceu numa humilde manjedoura, no jardim de pais pobres, comuns, mas fiéis, sob a luz pura de uma estrela brilhante.

A beleza dessa rosa foi primeiro contemplada por alguns humildes pastores e depois adorada por homens muito sábios. Tanto os humildes quanto os nobres tiveram acesso a ela. No Cântico dos

Cânticos de Salomão, muitos estudiosos piedosos viram, ao longo dos tempos, a beleza de Jesus naquela que se denomina "rosa de Sarom" (2.1, nota de rodapé). Que maneira encantadora de comunicar a cada uma de nós quem ele é.

A imagem de uma rosa, que se destaca pela beleza e fragrância, mostra a beleza de Cristo e sua vontade de atrair cada uma de nós para si. Nosso Jesus é o objeto principal de nosso desejo. A doçura da fragrância de sua vida e de suas palavras adiciona beleza ao nosso mundo melancólico e sem cor.

O fato de Cristo ser a Rosa de Sarom mostra que ele é a rosa de todas nós. Sarom foi, na antiguidade, um lugar onde as rosas cresciam nos campos em grande abundância e beleza. Jesus não foi uma rosa que cresceu numa estufa, reservada aos ricos ou à elite. Não, ele floresceu numa humilde manjedoura, onde todos o pudessem ver, tocar e receber. Seu evangelho é para todos: ricos, pobres, velhos, jovens, investigadores e céticos.

A Rosa de Sarom exala um perfume transcendente que nos convida a inalar sua beleza. Se você se aproximar da manjedoura para ver a rosa, notará que ela está coberta de orvalho: as lágrimas do luto que nos lembram que ele era a rosa destinada a ter espinhos e a derramar a beleza de suas rubras pétalas por você e por mim.

Luz da oração

Senhor, obrigada por nos presenteares com essa linda Rosa. Foi por nosso pecado que ela foi esmagada. Para que tivéssemos vida e pudéssemos florescer e enviar-te um perfume agradável. Por isso, desejo manter essa Rosa em meu coração, e não em um vaso. Quero sentir o perfume dela cada dia de minha vida.

Sharon Jaynes

Não o deixe entrar

Se você fizer o que é certo, será aceito. Mas, se não o fizer, tome cuidado! O pecado está à porta, à sua espera, e deseja controlá-lo, mas é você quem deve dominá-lo.

GÊNESIS 4.7

"Como foi que isso aconteceu? Como vou botar este homem pra fora de minha casa?" Essas perguntas me passavam pela cabeça enquanto o vendedor de aspirador de pó ia de um aposento para outro espalhando pelo chão seu lixo, para a demonstração, sugando-o depois com sua máquina. Durante mais de uma hora esse homem me instruiu sobre o perigo dos ácaros causados pelo pó e sobre os benefícios de seu equipamento.

— Eu já tenho um aspirador de pó — disse eu.

— Mas não como este, como este a senhora não tem.

Finalmente consegui convencer esse resoluto vendedor de que eu não estava interessada em seu aspirador. Ele ainda falava quando o empurrei para fora da porta.

— Nossa! O que acaba de acontecer aqui? — sussurrei para Deus, apoiando-me na porta fechada. — O que eu fiz de errado?

— Você o deixou entrar — disse Deus.

Claro! Deus estava certo. Eu nunca deveria ter deixado aquele homem entrar em minha casa. Então, Deus me lembrou de que eu acabava de testemunhar um exemplo de como vencer todas as batalhas espirituais. Quando um pensamento tentador bater à porta, não atenda. Quando uma ideia enganadora tocar a campainha, não a deixe entrar. Depois que uma sugestão cruzou a soleira da porta, é muito difícil mandá-la embora. A vitória é possível, mas muito sofrimento e muita dor serão evitados se nós, desde o princípio, não permitirmos que o vendedor espalhe seu lixo em nossa mente. Em vez disso, devemos sempre lembrar de quem é o único que deve receber as boas-vindas na soleira da porta de nosso coração: "Preste atenção! Estou à porta e bato. Se você ouvir minha voz e abrir a porta, entrarei e, juntos, faremos uma refeição, como amigos. O vitorioso se sentará comigo em meu trono, assim como eu fui vitorioso e me sentei com meu Pai em seu trono" (Ap 3.20-21).

Seja como for, tirando Cristo, não queremos o que ninguém mais está vendendo.

Luz da oração

Senhor, muitas são as tentações, os pensamentos negativos e pecaminosos, as ideias transgressoras, as sugestões deste mundo caído e entregue a suas próprias paixões! Ainda assim, sei que, por mais que toda influência negativa bata à minha porta, jamais posso deixar que entre. Nesse sentido, peço que teu Espírito Santo guarde a porta de meu coração, para que eu não ceda e convide para entrar quem tu nunca convidarias. E que o único a entrar na minha vida sejas tu, Pai amado e meu Senhor. Fica sempre comigo.

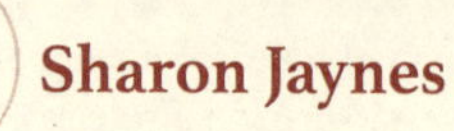

Sharon Jaynes

Segurando o pé

"Minha graça é tudo de que você precisa. Meu poder opera melhor na fraqueza". Portanto, agora fico feliz de me orgulhar de minhas fraquezas, para que o poder de Deus opere por meu intermédio. Por isso aceito com prazer fraquezas e insultos, privações, perseguições e aflições que sofro por Cristo. Pois, quando sou fraco, então é que sou forte.

2CORÍNTIOS 12.9-10

Algo estranho estava acontecendo na minha cabeça, e ninguém conseguia descobrir o que era. "Você precisa fazer uma ressonância magnética", decidiu o médico. "Você sofre de claustrofobia?"

Eu lhe assegurei que não.

No dia do exame, uma enfermeira me prendeu a uma maca, imobilizou-me a cabeça com fitas adesivas de ambos os lados e apertou um botão que me fez deslizar para dentro de um tubo metálico, como uma salsicha entrando num pão de cachorro-quente. De repente, eu não conseguia mais respirar.

— Me tira daqui! — gritei.

— A senhora está tendo uma crise de pânico — afirmou ela, depois de eu ter deslizado para fora.

— Não estou, não. Tente de novo.

Mas cada tentativa tinha o mesmo resultado.

— A senhora vai ter de voltar outro dia — disse ela, finalmente.

A vida inteira consegui o impossível. E que há de tão difícil em ficar dentro de um tubo metálico durante 45 minutos? Fui para casa e contei a terrível experiência a minha amiga Mary Ruth.

— Eu me sinto uma salsicha — confessei.

— Bobagem — disse ela. — Você só precisa de uma amiga. Vamos fazer esse exame juntas.

Na semana seguinte voltei com a minha arma secreta (Mary Ruth). Ela ficou plantada junto ao tubo, segurando-me um dos pés, orando, acenando e fazendo graça. O exame transcorreu sem problema algum.

A vida inteira lutei para ser autossuficiente, mas, por meio de momentos extraordinários como o descrito aqui, Deus me adverte: "Minha graça é tudo de que você precisa. Meu poder opera melhor na fraqueza". Não há nada de errado em mostrar fraqueza. Isso é mais do que correto; é o plano de Deus. Quando admitimos ser fracas, ele nos dá sua força, como escreveu Paulo: "Sejam fortes no Senhor e em seu grande poder" (Ef 6.10).

Muitas vezes Deus nos incute coragem por meio de uma amiga que nos segura a mão. No caso descrito, ele usou Mary Ruth para segurar meu pé.

Luz da oração

> Senhor, quero agradecer-te porque sempre providencias alguém para "segurar meu pé", seja um amigo, seja teu Santo Espírito. A vida é cheia de percalços, dificuldades e situações que nos amedrontam e intimidam. Mas sei que, se estiver acompanhada de alguém que me dê forças, conseguirei vencer as barreiras. Por isso, peço que envies aqueles que venhas a escolher, a dedo, para me amparar. Obrigada, Pai, pelo teu amor demonstrado em forma de apoio e encorajamento.

Lysa TerKeurst

Vergonha nunca mais

Busquei o Senhor*, e ele me respondeu; livrou-me de todos os meus temores. Os que olham para ele ficarão radiantes; no rosto deles não haverá sombra de decepção.*

Salmos 34.4-5

Ainda me lembro dos móveis antiquados e da frieza da sala. Lá estavam mulheres de todas as classes sociais. Nossos caminhos se cruzavam nesse lugar terrível, um lugar onde a vida foi trocada pela morte. Agora compartilharíamos o inominável segredo.

Nenhuma de nós permitia que seus olhos se fixassem em outros olhos. Embora as luzes fluorescentes da clínica iluminassem intensamente a sala, a pesada escuridão de minha alma quase me impossibilitava uma visão realista. O que me trouxera para este lugar? Com certeza, havia gente que eu poderia culpar. Havia o homem que abusou sexualmente de mim na infância. Eu poderia acusar meu pai biológico. Talvez, se ele tivesse me dado o amor e a aceitação que eu tanto queria, nunca teria chegado aqui. Poderia culpar Deus. Por que um Deus amoroso permitiu que coisas tão terríveis acontecessem comigo? Lágrimas inundavam-me os olhos e soluços profundos jorravam de minha alma naquela sala fria. Tinha consciência de que não poderia culpar ninguém a não ser a mim mesma. Eu mesma entrara nesse lugar. Havia assinado documentos. Havia permitido que meu bebê fosse abortado.

Posso perfeitamente imaginar Satanás vibrando enquanto escreve seu nome no coração da vítima: Vergonha. Senti a dor da vergonha:

um profundo e constante pulsar de arrependimento do passado mesclado com a morte do futuro.

Vamos contemplar o momento em que a vergonha fez sua estreia. Gênesis 2.25 diz: "O homem e a mulher estavam nus, mas não sentiam vergonha". Depois, Satanás entrou sorrateiramente em cena, para enganar Eva. Quando Eva caiu em pecado levou consigo Adão; a reação deles foi esconder seu erro. Foi exatamente o que fiz durante muitos penosos anos. Mas encobrindo meu segredo eu permitia que Satanás o usasse contra mim. Ele é o pai das trevas e o autor da vergonha. Constantemente ele sussurrava aos meus ouvidos que eu era uma inútil e que, se alguém descobrisse meu segredo, eu seria condenada.

Mas essa mentira vinha das profundezas do inferno. Quando eu finalmente permiti que meu pecado fosse revelado à luz do dia, Deus veio ao meu encontro com sua graça, seu perdão e sua cura. Depois ele me infundiu coragem para que eu permitisse que ele tomasse minha vergonha e se servisse dela para o seu bem. Posso dizer, sem hesitar, que o que mais colaborou para a minha cura foi o ato de compartilhar minha história com outras mulheres. Agora que vi Deus tocar e curar pessoas por meio de meu testemunho, a vergonha desapareceu e a liberdade chegou.

Luz da oração

Amado Senhor, eu te agradeço por me veres pura, limpa, sem manchas e sem defeitos. Só tu tens o poder de curar essas partes de mim que eu, por tanto tempo, sepultei e tentei esconder. Que tua graça me baste para o dia de hoje quando eu confio que tu dirigirás todas as coisas para o teu bem.

Stormie Omartian

Entregue seus sonhos ao Senhor

Amados, já somos filhos de Deus, mas ele ainda não nos mostrou o que seremos quando Cristo vier. Sabemos, porém, que seremos semelhantes a ele, pois o veremos como ele realmente é.

1João 3.2

Quando chegava o outono, na Califórnia, podávamos as roseiras reduzindo-as a quase nada. Durante cerca de quatro meses elas pareciam patéticos galhos mortos, dos quais aparentemente nada poderia voltar a crescer. Mas, quando chegava a primavera, eles reviviam e voltavam a florescer em profusão. Primeiro, apareciam centenas de pequenos rebentos. Depois, um por um, eles se abriam explodindo em todos os tons de rosa, roxo, amarelo, carmim e branco. Flores abundantes, perfumadas, que empolgavam e inspiravam vida. Quem passava de carro ou caminhando parava para admirá-las. Isso é o que Deus quer fazer conosco. Ele quer usar-nos para que sejamos seu roseiral. Quer que tenhamos beleza e propósito, oferecendo uma fragrância vivificadora aos que nos cercam. Mas primeiro vem a poda.

Quando Deus quer mudanças em nossa vida e nós concordamos, ele começa por cortar tudo o que é desnecessário. Nesse processo, despoja-nos de tudo o que possa deter nosso futuro crescimento, preparando-nos para produzir bons frutos. Nossa vida pode parecer estéril nessa fase, mas Deus está, de fato, nos libertando de tudo o que não traz vida. Esse processo de entregar tudo ao Senhor, especialmente nossos sonhos e desejos, é chamado de poda.

Meu marido, que há trinta anos é um músico bem-sucedido, descobriu, em uma ocasião, que Deus lhe pedia que abandonasse a música por um tempo. Ele tinha vinte anos de idade e já era pianista e escritor profissional quando o Senhor lhe mostrou claramente que a música era um ídolo em sua vida. Ele tinha de entregar seu sonho de voltar a tocar ou a escrever.

Depois de dois anos sem fazer absolutamente nada no campo da música, sem nem sequer praticar piano, Deus lhe devolveu o sonho, pois agora ele ocupava outro lugar em seu coração. Ele entregou seu sonho, e o viu ressuscitado. Eu não creio que seu sucesso teria todo o alcance ou toda a longevidade que vem tendo, se ele não tivesse entregado seu sonho muitos anos atrás.

Deus nos concede sonhos para nos dar visão e inspiração a fim de nos guiar pelo caminho certo. É por isso que temos de ter certeza de que eles não provêm de nossa natureza humana. A única maneira de nos certificarmos disso é depositando-os aos pés de Deus e deixando-os morrer. E nós também devemos morrer para eles. Os que não provêm dele ficarão sepultados para sempre. Os que *provêm* dele terão uma nova vida.

Luz da oração

Senhor, entrego-te minhas esperanças e meus sonhos. Peço que removas tudo que não deva fazer parte de minha vida. Percebo como é perigoso transformar sonhos em ídolos, por isso quero realizar os desejos de teu coração. Sei que podes sepultá-los para sempre ou ressuscitá-los para uma nova vida. Aceito tua decisão e me submeto totalmente a ela. Conduze-me pelo teu caminho, Senhor.

Elizabeth George

Servindo ao Senhor

Jesus e seus discípulos seguiram viagem e chegaram a um povoado onde uma mulher chamada Marta os recebeu em sua casa. Sua irmã, Maria, sentou-se aos pés de Jesus e ouvia o que ele ensinava. Marta, porém, estava ocupada com seus muitos afazeres. Foi a Jesus e disse: "Senhor, não o incomoda que minha irmã fique aí sentada enquanto eu faço todo o trabalho? Diga-lhe que venha me ajudar!".

LUCAS 10.38-40

Marta e Maria. Por que gostamos tanto dessas duas irmãs? Porque às vezes nos identificamos com ambas! Muitas de nós somos atarefadas, seja ajudando os filhos com as tarefas escolares, administrando a casa, organizando um ministério ou administrando uma empresa. Com tanta pressão, é fácil perder de vista a necessidade de fazer nosso devocional diário. Às vezes precisamos ser Martas, mas, como Maria, também precisamos introduzir uma pausa na agenda apertada e nos sentar com o Senhor.

Você costuma se identificar com Marta? Ela vê a irmã desfrutar plenamente a visita de Jesus enquanto se sente obrigada a fazer tudo direitinho para aquela reunião. Você já ofereceu um jantar e, mais tarde, percebeu que mal parou para desfrutar a companhia de seus convidados? Acho que muitas de nós temos tendências típicas de Marta. Vamos, portanto, compreender o que Jesus oferece a ela.

Reconhecimento. Jesus expressa empatia. Ele reconhece imediatamente a pressão que Marta está sofrendo quando diz: "você se preocupa e se inquieta com todos esses detalhes" (Lc 10.41). Quando estamos preocupadas, Jesus enxerga nossas provações e cargas. Ele sabe que estamos exaustas ou frustradas.

Verdade. Por mais compassivo que ele seja, Jesus também conduz Marta à verdade. Devemos ter o foco em apenas uma coisa, e foi isso que Maria escolheu: centrar-se em Jesus, servi-lo e aprender com ele (v. 42).

Não há nada mais importante que se sentar aos pés do Senhor! Mas a tensão Marta *versus* Maria sempre pode acontecer dentro de nós. No entanto, é de esperar que aprendamos a dar importância a apenas uma coisa, à pessoa certa: Jesus. Quando fazemos uma pausa para orar, descobrimos que a comunhão com Deus é o ponto de partida de nosso serviço para Deus e para os outros.

Marta e Maria foram privilegiadas porque puderam estar com Jesus enquanto ele viveu fisicamente neste mundo. Embora não possamos fazer o mesmo, temos Jesus morando dentro de nós, uma presença constante em nossa vida! Podemos, em nome dele, estender a mão a alguém, servir-lhe uma refeição e sempre podemos dialogar com Deus por meio da oração. Somos tão abençoadas! Estamos na presença daquele que nos sustenta, e podemos nos servir da força e compaixão que dele recebemos para servi-lo, compartilhando com quem convivemos.

Luz da oração

Senhor, quero sentar-me a teus pés como tua discípula e amiga. Quero te ver sorrir enquanto te louvo e compartilho meu dia contigo. Ajuda-me a concentrar meu coração na única coisa que é a mais importante: meu tempo contigo.

Kay Arthur

Palavras de fé quando você quer dar-se por vencida

O Senhor respondeu: "Marta, Marta, você se preocupa e se inquieta com todos esses detalhes. Apenas uma coisa é necessária. Quanto a Maria, ela fez a escolha certa, e ninguém tomará isso dela".

LUCAS 10.41-42

Você está se segurando por um fio?

Já desgastada demais, cansada demais, fraca demais para enviar seu grito a Deus?

Você está disposta a desistir, a parar de orar, a parar de crer, a ir embora?

Você está disposta a dar-se por vencida porque, a seu ver, não há como mudar coisa alguma?

Você está pensando: "Eu não aguento mais. Não consigo lidar com essa dor incessante?".

Se eu não soubesse o que sei sobre Deus, poderia lhe dizer para se dar por vencida e seguir com sua vida. Mas, por Deus ser quem é, por nosso tempo estar em suas mãos, por ele ser o Deus de todo ser humano e por nada ser difícil demais para ele, tenho de lhe dizer que não desista. Não "siga com sua vida, simplesmente". Espere, eu lhe digo, espere no Senhor.

E como você vai esperar no Senhor? Há duas coisas que você deve fazer.

Primeiro, aprenda a sentar-se aos pés dele e a conhecê-lo. Quando Marta se queixou a Jesus de que sua irmã, Maria, não estava ajudando na cozinha, Jesus lhe disse que não se preocupasse ou inquietasse com detalhes.

Todas nós conseguimos nos identificar com Marta? Estamos sempre preocupadas com nosso dia a dia. Estamos sempre com pressa, mesmo em relação a Deus. Não achamos tempo para largar as atividades, aquietar-nos e saber que ele é Deus (cf. Sl 46.10).

Agir assim envolve uma escolha. Significa que algumas coisas deixarão de ser feitas, que algumas pessoas talvez não consigam entender. Mas Jesus não disse que se sentar aos pés dele e ouvir sua palavra era a única coisa "necessária [....] a escolha certa, e ninguém [tiraria isso de você]" (cf. Lc 10.42)?

Em outras palavras, graças ao que aprende com ele e a respeito dele, você sempre terá alguma coisa em que se segurar, e não será por suas unhas!

Segundo, diga a Deus que você quer o que ele quer, seja o que for. Embora essa declaração, essa renúncia à sua vontade, ao seu jeito de ser, possa assustá-la a essa altura, isso não acontecerá se você se habituar a fazer a "primeira" coisa que mencionei: sentar-se aos pés dele e conhecê-lo.

Se você confiar a Deus sua reputação, se não adotar outra agenda a não ser a dele, se o seu objetivo for o objetivo de Paulo, ou seja, que Cristo seja exaltado em seu corpo pela vida ou pela morte, se para você "o viver é Cristo, e o morrer é lucro" (Fp 1.21), se está disposta a fazer a vontade dele a qualquer custo, então você nunca entrará em desespero.

Pelo contrário, se verá esperando pacientemente pelo Senhor, aguardando a orientação dele. A vida dele será sua vida, e sua vida, a *dele!*

Luz da oração

Senhor, ensina-me a confiar em ti sem reservas. Dá-me, ainda, paciência, para saber como esperar em ti naquilo que for necessário.

Emilie Barnes

Eu estarei com você, ensinando-lhe o que dizer

Agora vá! Eu estarei com você quando falar e o instruirei a respeito do que deve dizer.

Êxodo 4.12

Por minha casa ser tumultuada quando eu era criança, decidi que era melhor não falar, temendo dizer a coisa errada. Meu pai tinha um problema grave com a bebida, que nos deixava a todos pisando em ovos. Todo mundo lá em casa ficava atento ao que falar, porque papai se enfurecia com muita facilidade e complicava a vida da pessoa que dissesse a coisa errada ou da maneira errada.

Fui assim até entrar no Ensino Médio e descobrir que meus colegas de escola gostavam de mim. No segundo ano, foi-me atribuído o papel de protagonista numa peça teatral e meu sucesso nessa apresentação começou a incutir em mim certo grau de autoconfiança.

Foi também nessa época que conheci meu Bob. Sentia-me segura ao lado dele e de sua amorosa família. Eu continuava quieta e reservada, mas Bob sempre me dizia que eu precisava dizer o que pensava. Mas eu continuava hesitante, sempre temendo dizer a coisa errada.

Foi só perto dos trinta anos, quando me inscrevi para um retiro de mulheres cristãs, que percebi que Deus tinha para minha vida um programa de palestras. Como as mulheres da minha igreja sabiam que eu provinha de crença judaica, pediram-me que desse um testemunho de três minutos durante o retiro. Senti-me como Moisés, em Êxodo 4.10-11.

Relutante, aceitei o convite, sem ter ideia do que diria, mas confiante de que o Senhor Deus estaria ao meu lado. Isso foi há quase cinquenta anos, e ele ainda me precede, dando-me as palavras e ensinando-me com sua Palavra.

Posso, sinceramente, afirmar que Deus estará com você, ensinando-lhe o que dizer. Sempre compartilho com mulheres de todas as denominações as palavras que ele me ensinou.

Quando eu era uma garotinha com medo de falar, não fazia ideia de que Deus me usaria para tocar a vida de milhares de pessoas por meio da palavra falada e escrita. Mas isso só aconteceu quando Deus viu em meu espírito a disposição de ser usada por ele. Meu testemunho foi tão bem recebido pelas pessoas, que depois recebi muitos convites para compartilhar minha história na comunidade delas.

Se ainda fico nervosa quando me levanto para falar? Sim, toda vez. Sempre que falo em público ainda preciso confiar que Deus vai me proporcionar paz e calma antes de eu começar. Muitas vezes, olhando para os rostos na plateia, pergunto-me: "Por que eu, Senhor? Há tantas palestrantes e escritoras melhores que eu". Mas ele sempre me responde: "Agora vá! Eu estarei com você quando falar e [a] instruirei a respeito do que deve dizer".

Luz da oração

Deus Pai, fico assombrada quando penso como soubeste usar a mim: uma esposa, mãe e avó comum. Continuas a me surpreender com o modo como tomas o que é ordinário e o tornas extraordinário. Que eu sempre esteja disposta a compartilhar minha história enquanto houver pessoas que queiram ouvi-la. A ti, toda a glória.

Julie Clinton

Espere no Senhor

Aquiete-se na presença do Senhor, *espere nele com paciência. Não se preocupe com o perverso que prospera, nem se aborreça com seus planos maldosos.*

Salmos 37.7

— Mas, mãe, eu quero agora! — gritou a pequena Suzie antes de ter um chilique no corredor da loja.

Ao deixarem a loja de brinquedos, a mãe de Suzie se perguntava onde é que ela havia errado. Como aquilo foi acontecer?

Você já se perguntou por que seu filho ou sua filha apresentou um comportamento impulsivo assim, parecendo precisar de tudo *agora*?

Mais tarde, naquela noite, a mãe de Suzie contemplou-se no espelho do banheiro e chorou. Não por causa da filha, mas da pressão financeira. "Meu Deus, por que não é possível dar um jeito nisso agora? Eu só não quero ter de me preocupar perguntando de onde virá a próxima refeição!".

Sentindo a pressão da falta de dinheiro, ela também sentia o distanciamento de Deus. E ela queria sanar toda aquela situação, naquele exato momento.

Com demasiada frequência, não diferimos em nada de nossos filhos que pedem brinquedos aos gritos no meio da loja. Sejamos sinceras: esperar não é fácil, especialmente nessa cultura do "eu-quero-isso-agora" em que vivemos. Mas, como disse Charles Spurgeon:

"Deus é bom demais para ser cruel. É sábio demais para confundir--se. Se eu não consigo identificar sua mão, sempre posso confiar em seu coração".

Quando você procura a orientação do Senhor e espera até obter esclarecimento, tem liberdade para avançar confiante, aproximando--se de alguma coisa que é boa para você ou afastando-se de alguma coisa que não é.

Deus sabe do que precisamos, antes mesmo que *nós* saibamos. Por isso, não precisamos nos preocupar com o que comer ou o que vestir. Se o Senhor cuida dos pássaros e veste os lírios do campo, quanto mais não fará por nós, suas filhas e seus filhos? "Portanto, não se preocupem, dizendo: 'O que vamos comer? O que vamos beber? O que vamos vestir?'. Essas coisas ocupam o pensamento dos pagãos, mas seu Pai celestial já sabe do que vocês precisam. Busquem, em primeiro lugar, o reino de Deus e a sua justiça, e todas essas coisas lhes serão dadas. Portanto, não se preocupem com o amanhã, pois o amanhã trará suas próprias inquietações. Bastam para hoje os problemas deste dia" (Mt 6.31-34).

O tempo é uma mercadoria, e nós, na condição de mulheres, temos de aproveitá-lo ao máximo. Se você esperar com paciência pelo desenvolvimento do plano de Deus, pela revelação do sonho dele a seu respeito, pode viver e caminhar confiando que ele conhece cada passo do caminho que você vai percorrer. E vai prover o necessário.

Luz da oração

Ajuda-me, ó Senhor, a esperar pacientemente por ti. Acalma a minha ânsia de atropelar teus planos para a minha vida. Confio em ti, pois és meu Deus.

Stormie Omartian

Percepção do que há de certo neste quadro

Ainda assim, confio que verei a bondade do Senhor *enquanto estiver aqui, na terra dos vivos.*

Salmos 27.13

Você já se apanhou zangada, transtornada ou arrasada ao constatar que as coisas não aconteceram como esperava ou planejara? Quando acontecer de novo, analise cuidadosamente a situação e peça a Deus que lhe conceda uma nova perspectiva.

Em geral, conseguimos descobrir outra maneira de ver a situação. Como caminhamos sob a luz do Senhor, somos generosamente abençoadas a cada momento. A luz de Deus não nos cega, mas podemos ser cegos à luz de Deus. Não enxergamos sempre *toda* a verdade. Às vezes enxergamos tudo, *menos* a verdade.

Eu e Mandy, minha filha, elaboramos um plano para ver a verdade sempre que algo sai errado. Analisamos a situação e perguntamos: "O que está *certo* neste quadro?". Oramos a Deus pedindo que ele nos mostre como a situação que supomos ser negativa é, na verdade, positiva. Tomamos até a situação mais simples e a invertemos. Examinamos o lado oposto. Esse processo pode parecer estranho quando exageramos na busca de cada aspecto positivo, mas ele nos protege de atitudes enganosas, desesperadas e amargas que podem se insinuar em nossa personalidade.

Por exemplo, Mandy se envolveu em um acidente de carro aos dezesseis anos. Felizmente, a senhora que causou o acidente pediu desculpas e admitiu para a polícia e para a companhia de seguros que Mandy não tinha culpa. Enquanto os carros eram guinchados, perguntei a minha filha, que estava assustada, o que havia de certo nesse quadro.

— Bem, ninguém se feriu — respondeu ela.

— Certo, essa é a melhor coisa nesse caso — disse eu. — Mas há outra coisa boa. Esse acidente vai torná-la uma motorista melhor, porque agora você já sabe que, até mesmo quando está fazendo tudo certo, coisas ruins podem acontecer. Você terá consciência redobrada em relação a outros motoristas e saberá como é importante orar pedindo a proteção de Deus ao viajar. O que você aprendeu com essa experiência talvez seja exatamente o que um dia poderá salvar-lhe a vida.

Não se trata aqui apenas de pensamento positivo ou da tentativa de fazer coisas boas acontecerem pela força do pensamento, mas de ver as coisas da perspectiva de Deus e permitir que ele lhe mostre a verdade. Significa *encontrar* a luz numa aparente situação de trevas. É saber que, pelo fato de ter convidado Deus a interferir em sua vida, você pode encontrar ali a luz dele, por mais densa que pareça a escuridão.

Luz da oração

Senhor, eu te apresento as circunstâncias e preocupações de minha vida. Que tua poderosa intervenção me mostre o certo quando só conseguir ver o errado. Revela-me tua verdade sempre. Abençoa-me com a capacidade de entender o quadro maior e distinguir o que de fato tem valor. Quando algo parece dar errado, ajuda-me a não tirar conclusões precipitadas e negativas. Dá-me a capacidade de reconhecer as respostas a minhas orações.

Jennifer Rothschild

No meio do mistério

Ainda que a figueira não floresça e não haja frutos nas videiras; ainda que a colheita de azeitonas não dê em nada e os campos fiquem vazios e improdutivos; ainda que os rebanhos morram nos campos e os currais fiquem vazios, mesmo assim me alegrarei no Senhor*; exultarei no Deus de minha salvação! O* Senhor *Soberano é minha força! Ele torna meus pés firmes como os da corça, para que eu possa andar em lugares altos.*

Habacuque 3.17-19.

Um bebê natimorto, um acidente fatal, um filho rebelde, uma doença terminal, um ataque terrorista... Mistérios que nos angustiam e nos levam a questionar: um Deus todo-poderoso não deveria interferir nessas circunstâncias trágicas?

Quando um mistério humano (como desaparecimento de um avião) não é resolvido, ficamos intrigados, mas, quando um mistério divino se apresenta em nossa vida, podemos facilmente entrar em desespero. Os mistérios suscitam perguntas sem respostas, companheiras indesejadas do sofrimento humano. Raramente uma resposta emerge do sofrimento. Quanto mais perguntamos, tanto mais parece que temos a perguntar.

Quando um Deus infinito permite perguntas que não têm respostas, nós, na condição de finitos seres humanos, tendemos a atribuir seu silêncio a coisas como: ele não sabe, não se preocupa ou não pode fazer nada em relação ao caso.

O profeta Habacuque deve ter lutado com o que estou chamando de fracasso de Deus. Esse homem tinha perguntas — profundas, sinceras, agudas — sobre sofrimento, justiça e o mal no mundo. Mas, embora ele procurasse respostas na fonte certa, o próprio Deus, elas não seguiram a linha que ele provavelmente havia imaginado (cf. Hc 1.2-3).

Seu diálogo com o céu não termina com as respostas nítidas e meticulosas esperadas. Ao contrário, Deus o deixou com mistérios ainda mais profundos, mas o profeta termina com um ato de louvor. Ele tivera um encontro com a grandeza e a sabedoria do Deus vivo, e por isso seu mundo começou a fazer sentido.

O mesmo se aplica a nós. Nossa satisfação e paz não serão encontradas nas respostas satisfatórias a nossas perguntas, mas no encontro que temos com Deus por causa das perguntas. O encontro gera significado no meio do mistério.

Vou ser sincera. Geralmente tenho mais perguntas que respostas, mas estou em paz. Como aconteceu com Habacuque, a satisfação que experimento não está nas respostas que recebo, mas no tempo que passo com meu Deus no meio do mistério. Por isso, desejo muito que você tenha um encontro real com Deus, desses que mudam a vida.

As respostas nunca satisfazem; só a intimidade com Deus consegue isso. Se você estiver no meio de um penoso mistério, pare de procurar respostas e, em vez delas, procure Deus.

Luz da oração

Pai, ajuda-nos a reconhecer que o "fracasso" que talvez tenhamos um dia atribuído a ti é, na realidade, um fracasso dos mitos que inadvertidamente abraçamos. Ajuda-nos a rejeitá-los e a abraçarmos o mistério experimentando intimidade contigo. Só assim alcançaremos satisfação plena.

Kay Arthur

Palavras de fé quando você se pergunta se Deus é suficiente

Mas, por meio do sofrimento, ele livra os que sofrem e, por meio da adversidade, obtém sua atenção.

Jó 36.15

Como vai você, de fato?

Eu gostaria de bater à porta de sua casa e receber seu convite para um cafezinho e uma conversa. Mas, como o tempo e a distância não nos permitem isso, este livro deve ser nossa segunda melhor opção. Se simplesmente pudéssemos passar um tempo juntas, indo além do "Oi! Como vai?", eu gostaria de saber "Como vai você... de verdade?".

Como vai você, em seu íntimo? Você está sofrendo ou se sentindo fracassada? Está exausta, cansada disso que pode parecer uma corrida de ratos sempre pelo mesmo labirinto da vida, dia após dia? Está lutando com a decepção? Com a depressão, com o desânimo... Está se sentindo mal-amada ou com dificuldade de atrair o amor?

Você está questionando Deus, perguntando-se por que ele permite que as coisas sejam como são? Talvez você nem consiga admitir isso perante as pessoas por medo de que elas não entendam. Há rancor em seu coração por causa de alguma mágoa dolorosa ou de uma amarga decepção? Isso se deve ao fato de você ter perdido alguém ou de sua vida não ter sido "normal"? Ou você foi rejeitada, sofreu abusos, não recebeu os devidos cuidados, foi mal-amada?

Você tem medo do futuro? Tem dúvidas sobre sua profissão? Sua saúde? Câncer? Problemas cardíacos? Seus filhos? Está se perguntando como vai cuidar de seus pais? Como vai sustentar sua família? O que vai acontecer com você na velhice?

Você anda preocupada? Está ansiosa porque pode perder o emprego ou porque não consegue achar trabalho? Preocupada com os filhos? Com o futuro deles? Com os perigos a que eles estão expostos? Em que complicações eles podem se meter? Drogas? Imoralidade? Suicídio?

Ou, quem sabe, tudo está bem e você quer aprofundar seu relacionamento com Deus. Você busca dedicar-se mais intensamente ao seu Senhor Jesus Cristo. Você quer que sua vida seja diferente, menos comercial, mais focada no Senhor e em realidades eternas. Você quer que sua vida tenha relevância eterna, quer ser usada por Deus mais do que foi no passado.

Seja qual for sua situação, onde quer que esteja, a resposta é sempre a mesma: "Deus conhece seu sofrimento, seu estado; ele sabe exatamente onde você está e o que está se passando com você".

Ele sabe e quer lhe dar um futuro e uma esperança.

Luz da oração

Obrigada, Pai, porque tu me sondas e me conheces, e nunca desvias de mim teu olhar. Aumenta minha fé! Faze-me cada dia mais confiante em teu poder e livramento e, assim, conseguirei vencer o medo e a ansiedade, lançando sobre a cruz toda minha preocupação.

Emilie Barnes

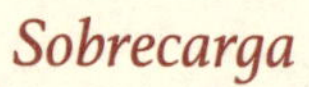

Sobrecarga

Busque a vontade dele em tudo que fizer, e ele lhe mostrará o caminho que deve seguir.

PROVÉRBIOS 3.6

Sua casa é daquele tipo onde tudo parece estar por fazer? Você corre o dia inteiro e nunca consegue terminar o serviço? Não há ninguém aqui entre nós que *não tenha* provado essa sensação.

Quando eu tinha vinte anos, nossa filha Jennifer tinha seis meses. Acolhemos então os três filhos de meu irmão e, depois de alguns meses, engravidei. Bob e eu ganhamos, com isso, cinco crianças com menos de cinco anos. Minha vida era trabalhar, trabalhar, trabalhar... No entanto, tinha a sensação de que nunca chegava a lugar algum. Estava sempre cansada e parecia que nunca terminava minhas obrigações. Nem é preciso dizer que não dispunha de tempo sequer para dormir. Estava em frangalhos, totalmente confusa e estressada.

Um dia, durante meu momento apressado com o Senhor, li Provérbios 3.6. Caí de joelhos e orei: "Por favor, meu Deus, endireita meu caminho. Quero conhecer tua vontade em tudo, Senhor. Vou deixar que me conduzas e não vou mais deixar-me conduzir por minhas forças. Senhor, estou cansada. Estou sobrecarregada tendo de cuidar do marido, da casa, das crianças e das refeições. Por favor, ajuda-me a recompor tudo e faz que tudo funcione para tua glória e a glória de teus filhos. Amém".

Naquele dia o Senhor não apenas ouviu minha oração, mas também a aceitou. Iniciei um programa que mudou minha vida. Passei a dedicar no mínimo quinze minutos por dia ao meu momento a sós com o Senhor. Com o bebê sob controle, eu me levantava mais cedo todas as manhãs e, com a casa em silêncio, eu e meu Senhor conversávamos à medida que lia sua Palavra e orava.

Em seguida dedicava outros quinze minutos para organizar a casa, concentrando-me em tarefas que me pareciam difíceis de realizar, como gavetas, pilhas de papéis etc. Dediquei-me a isso durante trinta dias e consegui estabelecer um critério. Deus estava endireitando meus caminhos. Nossa casa mudou totalmente. A nuvem do estresse das tarefas caseiras se desfez, e ganhei nova direção. O Senhor resgatou meu tempo com ele. Eu dispunha de mais tempo para preparar refeições, testar receitas, brincar com as crianças, caminhar pelo parque e, às vezes, até para tirar uma soneca.

Olhando agora para trás, já na condição de avó, posso realmente entender o significado de buscar a vontade de Deus em todos os meus caminhos. Significa recorrer a ele pedindo ajuda e conforto em *todas* as partes da vida: família, casa, compromissos e carreira. Deus nos faz uma promessa: "Eu lhe mostrarei o caminho".

Luz da oração

Deus Pai, às vezes tenho a sensação de que minha vida está realmente sobrecarregada. Há dias em que me sinto confusa, frustrada e desorientada. Dirijo-me a ti, de joelhos, em busca de tua infinita paciência e da esperança que, com muita benevolência, concedes. Peço que dirijas minha vida. Põe ordem na minha desordem.

Julie Clinton

À mesa do Senhor

Feliz será aquele que participar do banquete do reino de Deus.

LUCAS 14.15

Algumas de minhas lembranças mais queridas tiveram origem ao redor de nossa mesa de jantar. Discutindo beisebol com nosso filho, ouvindo o recital dramático da turma do colegial de nossa filha, sorrindo com meu marido... Esses são momentos de que me lembro com carinho. Momentos em família... e, é claro, gostamos da boa comida.

Você já imaginou como é a mesa da sala de jantar de Deus? Pense nisso. Eu imagino belos vasos contendo as flores mais belas. Muitas bandejas cheias das frutas mais deliciosas e jamais vistas. Travessas transbordando todo tipo de comida que você deseje. Os mais refinados padrões decorativos em porcelana em cada travessa e prato! Saber que há um lugar reservado exatamente para mim simplesmente me deixa sem fôlego!

Uma parábola que se encontra em Lucas 14 fala de um homem que não poupou esforços para preparar um banquete para todos os seus amigos. Preparada com cuidado, quando a mesa do jantar ficou pronta, ele pediu que seu criado fosse buscar os amigos e os trouxesse para partilhar, juntos, a refeição. Mas o criado voltou sozinho. Os amigos não vieram!

Sentindo-se arrasado e furioso diante da negativa de seus convidados, esse homem mandou trazer qualquer pessoa que o criado conseguisse encontrar — gente pobre, sozinha ou sem-teto — para que se sentasse à sua mesa e desfrutasse a deliciosa refeição. Mas houve uma consequência para aqueles que se recusaram a participar: "nenhum dos que antes foram convidados provará do meu banquete" (Lc 14.24).

Embora a mesa do banquete de Deus esteja posta para todos aqueles que acreditam, muitos não aceitam o convite. Você tem seu lugar reservado à mesa dele? Se tiver, agradeça-lhe hoje por reservar-lhe um lugar. Será um banquete que você não vai querer perder!

Luz da oração

Amado Senhor, obrigada por reservar-me um lugar à tua mesa! Ajuda-me a transmitir o teu convite àqueles que eu conhecer e que ainda não te conhecem.

Lysa TerKeurst

Papai, você me ama?

E, no entanto, ainda pertenço a ti; tu seguras minha mão direita. Tu me guias com teu conselho e me conduzes a um destino glorioso. Quem mais eu tenho no céu senão a ti? Eu te desejo mais que qualquer coisa na terra. Minha saúde pode acabar e meu espírito fraquejar, mas Deus continua sendo a força de meu coração; ele é minha possessão para sempre.

Salmos 73.23-26

Lembro-me de que, aos oito anos, havia uma coisa que eu desejava acima de tudo: o amor do meu pai. Lembro-me de ficar rodeando a cadeira dele enquanto meu coração gritava pedindo-lhe atenção: "Papai, você está me vendo? Papai, sou bonita? Papai, sou sua garotinha? Papai, você me ama?". Mas papai nunca me respondia.

Embora meu pai terreno não me notasse, meu pai celestial me dava atenção. Deus promete ser pai para os órfãos e preencher os espaços vazios deixados pelas pessoas que nos abandonaram. Ao longo de toda a minha vida, Deus me fez viver experiências que revelam a profundidade de seu amor por mim.

Num verão, tive o privilégio de assistir a uma cruzada de Billy Graham em Nova York com Ruth, a filha de Billy. Ruth e eu somos amigas e companheiras de oração há vários anos. Conhecemo-nos num encontro para mulheres e nos tornamos amigas desde o primeiro instante. Para mim, ela é simplesmente Ruth. É a amiga com a qual rio, choro, oro e sinto a vida. Normalmente esqueço a condição de celebridade de sua família.

Mas na cruzada não houve esquecimento. Víamos muitas pessoas famosas à medida que abríamos caminho por entre a multidão para ocupar os assentos reservados para nós. Minha filha Hope estava comigo e não parava de exclamar: "Mãe, olha Amy Grant e Vince Gill! Mãe, olha a família Clinton, que morava na Casa Branca!".

Eu ficava me perguntando: "Quem sou eu? Meu lugar não é no meio dessa gente famosa". Mas, exatamente quando essas perguntas e dúvidas começaram a se insinuar, Ruth nos deu crachás de identificação. Todas as pessoas famosas exibiam crachás. Nossos crachás, porém, traziam a estampa de uma estrela dourada. Logo percebi o significado daquele distintivo enquanto passávamos pelas pessoas famosas e nos sentávamos com a família Graham. A estrela dourada significava que fazíamos parte da família.

Sentei-me e enxuguei uma furtiva lágrima que começava a deslizar. Ergui os olhos ao céu e pisquei para meu Pai celestial. A voz dele soou muito doce quando, mais uma vez, me sussurrou ao coração: "Lysa, você não é a filha de um pai irresponsável que não conseguiu lhe dar amor. Você é filha de Deus. Sim, Lysa, estou vendo você. Sim, Lysa, você é bonita. Sim, Lysa, você é minha garotinha. E sim, Lysa, eu te amo".

Luz da oração

Amado Senhor, ajuda-me a conhecer essa verdade, acreditar nela e segui-la todos os dias. Quando relembrar os dias da minha infância e ver os vazios que meus pais biológicos deixaram em meu coração, ajuda-me a perdoá-los e a entregá-los em tuas mãos amorosas. Como diz Salmos 73.26, Deus é a força do meu coração e a minha possessão, para sempre.

Elizabeth George

Floresça onde você foi plantada

Quero que saibam, irmãos, que tudo que me aconteceu tem ajudado a propagar as boas-novas. Pois todos aqui, incluindo toda a guarda do palácio, sabem que estou preso por causa de Cristo.

FILIPENSES 1.12-13

Você às vezes se queixa de suas condições? Gostaria de morar em outra cidade ou bairro ou ter outro emprego? Já lamentou decisões tomadas ou provações que resultaram em suas condições atuais? Todas nós passamos por isso em algum momento da vida. Mas podemos seguir o exemplo de Paulo e escolher florescer onde fomos plantadas. Ele fez isso; até mesmo quando estava na prisão.

Paulo viu as bênçãos de sua condição. Do cárcere ele podia servir a Deus como testemunha dele perante os guardas romanos que o vigiavam noite e dia. Ele escrevia cartas e se comunicava por meio de amigos, de modo que conseguia ser inspiração e professor para as igrejas. Ele foi um exemplo de coragem e fidelidade para aqueles que temiam a perseguição por causa da fé em Cristo.

Minha amiga, você está presa a alguma coisa? Ou, em outras palavras, quais são suas circunstâncias determinadas por Deus? Você é esposa, mãe, mulher solteira, viúva, dona de casa, trabalha fora? Pense em como sua condição é bênção e como suas circunstâncias podem ajudá-la a servir a Cristo e promover a causa dele.

Vejamos: onde você se encontra hoje? Quero lhe deixar mais algumas palavras, palavras poderosas, de Paulo. Ele escreveu estas animadoras linhas em Romanos 8.28-29:

> Sabemos que Deus faz todas as coisas cooperarem para o bem daqueles que o amam e que são chamados de acordo com seu propósito. Pois Deus conheceu de antemão os seus e os predestinou para se tornarem semelhantes à imagem de seu Filho, a fim de que ele fosse o primeiro entre muitos irmãos.

Conhecer a Deus e confiar em sua promessa de agir, em todas as circunstâncias, para o bem, isso faz de nós mulheres de esperança. Nosso Deus tem o controle de tudo, mesmo das coisas que parecem negativas.

Se escolhemos florescer no lugar em que nosso Deus todo-sabedoria nos planta, vamos um dia poder declarar com Paulo: "Quero que saibam, irmãos, que tudo que me aconteceu tem ajudado a propagar as boas-novas".

Luz da oração

Meu Deus, ajuda-me a aceitar a situação em que me encontro agora e a ver as bênçãos e as oportunidades que se apresentam exatamente aqui. Confio em ti por toda a vida. Que eu aceite o que fazes em minha vida para poder compartilhar com as pessoas as maravilhas de teus grandes planos.

Sharon Jaynes

O olhar de amor

Não se assuste; você não será envergonhada. [...] Não se lembrará mais da vergonha de sua juventude.

Isaías 54.4

A invisível capa de vergonha era tão pesada que se arrastava pelo chão atrás dela e arqueava-lhe os delicados ombros. Por trás dos olhos cor de chocolate e do belo sorriso havia um segredo que lhe acabrunhava o coração. Ela tentou reprimir as lágrimas, mas elas se derramaram, descendo por suas acetinadas faces.

— Gina, você quer falar sobre isso? — perguntei.

— Tenho muita vergonha! — disse ela, chorando. — Quero contar para alguém, mas tenho medo. Nunca contei isso para ninguém.

Em seguida, durante mais ou menos uma hora, Gina despejou sua história, contando sua fuga do assédio do padrasto, sua vida na rua e seu envolvimento na prostituição instigado por uma mulher que dizia preocupar-se com ela.

— Cada vez que fazia aquilo, uma parte de mim morria — disse ela. — Não fiquei naquela vida por muito tempo, mas nunca consegui me esquecer da vergonha e de como me sentia suja. Embora eu esteja casada, tenha dois filhos e uma vida maravilhosa, eu ainda me sinto suja. Aquilo aconteceu há muito tempo, mas parece que foi ontem. Ninguém sabe, nem mesmo meu marido. Ele sempre me diz quanto sou preciosa. Se ele soubesse, isso o mataria.

Conversamos por um longo tempo sobre o perdão de Deus e sobre a lousa limpa que ele nos oferece na cruz. A mente de Gina era capaz de compreender, mas seu coração tinha dificuldades em acreditar que aquilo pudesse ser tão fácil assim. No entanto, ela precisava saber de uma grande verdade sobre o perdão do Senhor:

> Todo o meu ser louve o SENHOR [...] Ele perdoa todos os meus pecados [...] O SENHOR é compassivo e misericordioso, lento para se irar e cheio de amor. Não nos acusará o tempo todo, nem permanecerá irado para sempre. Não nos castiga por nossos pecados, nem nos trata como merecemos. Pois seu amor por aqueles que o temem é imenso como a distância entre os céus e a terra. De nós ele afastou nossos pecados, tanto como o Oriente está longe do Ocidente. O SENHOR é como um pai para seus filhos, bondoso e compassivo para os que o temem. Pois ele sabe como somos fracos; lembra que não passamos de pó.
>
> Salmos 103.2-3; 8-14

No fim da conversa perguntei:

— Você está contente por ter me contado?

— Estou. Sobretudo porque você continua a me olhar do mesmo jeito que me olhava antes de conhecer minha história.

E essa é a verdade da graça.

Luz da oração

Senhor, obrigada pela esperança que me dá forças de prosseguir, apesar de todos os erros que cometi no passado. Agradeço por teres me escolhido como beneficiária de tua graça, que me alcançou e abriu as portas para o perdão de meus pecados. Peço que não permitas que eu me sinta culpada ou suja por algo que já perdoaste. E que meus caminhos sejam sempre, daqui em diante, de paz contigo e autoaceitação, pois sei que tudo o que era velho passou e fizeste tudo novo em minha vida.

Sharon Jaynes

Dirigir olhando no retrovisor

Concentro todos os meus esforços nisto: esquecendo-me do passado e olhando para o que está adiante, prossigo para o final da corrida, a fim de receber o prêmio celestial para o qual Deus nos chama em Cristo Jesus.

Filipenses 3.13-14

Girei o volante um pouco para a direita, um pouco para a esquerda e depois de novo para a direita. "Por que estou tendo tanta dificuldade para dar ré nesta entrada de garagem se ela é reta?", perguntei--me. Chovia muito e eu não podia pôr a cabeça para fora da janela enquanto descia a íngreme entrada da garagem da Brenda. Eu não tinha outra escolha a não ser contar com o espelho retrovisor, e não estava me saindo muito bem. Várias vezes saí da pista e deixei rastros no gramado encharcado.

"Por que isso é tão difícil?", choraminguei, sem me dirigir a ninguém em especial.

Então, um sentimento inesperado me respondeu: "Você está tendo dificuldade porque os carros não foram feitos para andar de ré... E você também não".

De repente vi no meu retrovisor muito mais do que a íngreme entrada da garagem atrás de mim. Comecei a ver por que muitas de nós têm dificuldade para dirigir pela estrada da vida: passamos muito tempo olhando no retrovisor e não passamos o tempo necessário olhando diretamente para frente.

Em nossa viagem espiritual, é bom olhar para trás para ver onde estivemos, o longo percurso que Deus nos fez percorrer, e o que ele realizou em nossa vida. Mas, se dirigirmos pela vida afora gastando tempo demais em contemplar no retrovisor erros do passado, abusos sofridos e fracassos marcados por gritos de "se ao menos", estaremos fadadas a ter um monte de problemas.

Há um aviso gravado nos retrovisores externos de meu carro: "Objetos vistos pelo retrovisor estão mais próximos do que parecem". Isso poderia ser interpretado na vida da seguinte forma: "Enfocar o passado leva a uma visão distorcida da realidade". Espelhos retrovisores são úteis, mas, se decidimos dirigir pela vida afora olhando para trás em vez de enfocar o que está adiante, estamos no rumo de uma viagem muito acidentada.

Luz da oração

Pai, obrigada por me lembrares de que o passado é importante, mas não deve determinar o meu presente e, muito menos, o meu futuro. Que eu trafegue pela vida não com os olhos grudados no retrovisor, mas que ele apenas sirva de referência para que eu dirija adiante com segurança e bom desempenho. O rumo é para frente, o destino é avante! Fortalece-me, ilumina-me e guia-me pelas difíceis estradas da vida. E que eu nunca me esqueça de que, com Jesus ao meu lado, o caminho pedregoso se torna suave e a viagem, agradável.

Kay Arthur

Palavras de obediência quando a vida não segue o plano que você estabeleceu

"Meus pensamentos são muito diferentes dos seus", diz o SENHOR, *"e meus caminhos vão muito além de seus caminhos."*

ISAÍAS 55.8

Às vezes nos frustramos porque alguma coisa está em desacordo com nossos desejos ou nosso plano. A frustração pode surgir por causa do comportamento de alguém, por alguma mudança nas circunstâncias, por uma perda. A questão é como você lida com ela de modo a não se sentir oprimida ou desejar desistir.

Para lidar com a frustração é preciso entender que *ela é um encontro marcado com Deus.*

A frustração é uma provação de sua fé, um teste que demonstra quão genuíno é seu relacionamento com Deus e sua Palavra.

A frustração, por mais estranho que pareça, foi filtrada entre os dedos soberanos do amor de Deus. Ele permitiu que ela passasse entre os dedos dele e entrasse em sua vida, que ele detém nas palmas das mãos onipotentes.

A frustração é algo que Deus considerou necessário para levar você a atingir o objetivo dele: a semelhança com Cristo. Foi por isso que Deus levou Tiago (1.2-4) a escrever estas palavras:

> Meus irmãos, considerem motivo de grande alegria sempre que passarem por qualquer tipo de provação, pois sabem que, quando sua fé é provada, a perseverança tem a oportunidade de crescer. E é necessário

que ela cresça, pois quando estiver plenamente desenvolvida vocês serão maduros e completos, sem que nada lhes falte.

Considerar essa situação como "motivo de grande alegria" pode soar um pouco insano, talvez até masoquista. Por que considerar como motivo de grande alegria o fato de você ser arrasada pelo sofrimento, rendida pela frustração?

Porque, minha amiga, seu Deus ordena isso. E ele o ordena porque sua resposta humilde significará para você a sua realização.

Se a frustração, a provação, não visassem a beneficiá-la e a trazer glória a Deus, ele nunca teria permitido que ela passasse entre os dedos dele e entrasse em sua vida. Deus não deseja feri-la, torná-la infeliz, desmoralizá-la ou arruinar sua vida. Pelo contrário, a frustração acontece porque Deus quer que você tenha todas as oportunidades de ser semelhante a Cristo.

Luz da oração

Pai, quando a frustração tomar conta de mim porque meus planos ou meus desejos tenham sido subitamente contrariados, quando eu sentir dificuldade de compreender e me concentrar em teu propósito, ajuda-me a lembrar que as frustrações são encontros marcados contigo, porque desejas meu bem e porque teu nome deve ser sempre glorificado.

Julie Clinton

As mãos de Jesus

Sejam bondosos e tenham compaixão uns dos outros.

Efésios 4.32

Já lhe aconteceu de alguma colega lhe oferecer um lenço para você enxugar as lágrimas? De uma vizinha que você nunca conheceu lhe trazer uma refeição depois de ela ficar sabendo que um ente querido havia falecido? De uma amiga oferecer-se para cuidar de seus filhinhos para que você pudesse embarcar num avião e participar do enterro de um parente próximo? Talvez essas pessoas nem sequer sejam cristãs, mas elas são as mãos e os pés de Jesus em momentos sombrios.

Com demasiada frequência, sentimos certo mal-estar quando deixamos alguém saber que nem tudo está bem em nosso mundo. Não queremos nos sentir devedoras em relação a ninguém, não queremos "dar trabalho" às pessoas, por isso hesitamos em aceitar o auxílio que nos chega em tempos difíceis. O que não faz sentido, pois a Bíblia nos orienta que devemos aceitar a mão de quem nos estende: "Alegrem-se com os que se alegram e chorem com os que choram" (Rm 12.15) é o mandamento bíblico.

Mas Jesus, lá do céu, nos estende a mão por meio das mãos das pessoas. Quando recusamos o auxílio que elas nos oferecem, podemos, na verdade, estar recusando Jesus. Clamamos pedindo ajuda a Deus, mas quando ela vem na forma de outro ser humano, relutamos no momento de aceitá-la. Por algum motivo, de repente deixamos que o orgulho impeça que Deus use outras pessoas para nos mostrar seu amor e sua compaixão. Mas as Escrituras são claras em sua advertência contra essa postura: "Os orgulhosos não terão lugar em tua presença" (Sl 5.5); "Mesmo nas alturas, o SENHOR cuida dos humildes, mas mantém distância dos orgulhosos" (Sl 138.6).

Se estiver passando por situações difíceis exatamente agora, como você pode permitir que pessoas estendam as mãos para atuar como Jesus em relação a você? Você consegue aceitar uma refeição? A oferta de uma carona? A disposição de alguém em se encarregar de serviços que são seus? Dizendo sim, você estará permitindo que Jesus a conforte por meio das pessoas que ele colocou específica e propositalmente em sua vida. Permita que ele a sirva.

Luz da oração

> Ó Senhor, permite-me ver tua face na expressão preocupada de uma vizinha que me traz uma refeição, de uma amiga que se dispõe a cuidar de meus filhos num momento de aflição. Permite-me sentir teus braços nos braços de pessoas que me dão um abraço de conforto. Permite-me abrir-me ao teu amor por intermédio das pessoas que puseste em minha vida. Não quero que o orgulho me impeça de receber a preciosa ajuda que me mandas por meio de pessoas dispostas a me ajudar. Eu te agradeço, Senhor, por tua bondade e misericórdia.

Elizabeth George

Revista-se de paciência

Por isso, irmãos, sejam pacientes enquanto esperam a volta do Senhor. Vejam como os lavradores esperam pacientemente as chuvas do outono e da primavera. Com grande expectativa, aguardam o amadurecimento de sua preciosa colheita. Sejam também pacientes. Fortaleçam-se em seu coração, pois a vinda do Senhor está próxima.

TIAGO 5.7-8

Sei que se fazem muitas brincadeiras sobre a paciência ("Paciência é saber contar até 10 antes de explodir!" "Preciso de paciência, e preciso *agora*!"), mas quando é você que é forçada a esperar sofrendo, ou sofrer esperando, não é nada engraçado. No entanto, minha amiga, como diz o versículo acima, precisamos esperar pacientemente no Senhor.

Para ilustrar essa ideia, Tiago nos apresenta um agricultor. Mesmo sabendo que o mais perto que algumas de nós já chegaram de um agricultor foi na banca de frutas ou verduras na feira ou no supermercado, podemos observar os diversos casos em que um agricultor tem de exercer a paciência. Ele faz o plantio e depois espera que a providência de Deus mande a indispensável chuva. Finalmente, caem as primeiras chuvas do outono e as últimas chuvas da primavera.

Quando estamos sofrendo, também temos de esperar pacientemente até a chegada do Senhor. Como está você nessa questão da espera? Existe alguma coisa que Deus está lhe pedindo que, neste exato momento, exige paciência?

A esperança que obtemos da promessa da vinda de Jesus ajuda-nos a esperar pacientemente. Quando chegar, ele colocará tudo em ordem. Acertará as coisas, corrigirá todos os abusos. Ele nos libertará do sofrimento. Deixe que a certeza da volta do Senhor encoraje seu coração para que você suporte os tempos difíceis, os momentos que parecem não terminar nunca e as incertezas do amanhã.

Para onde se dirige seu olhar? Para baixo, enfocando o sofrimento que você tem de suportar? Ou para o alto, contemplando o ponto de onde Jesus há de vir? Ou você quase nunca pensa nisso? Sua paciência será fortalecida quando aguardar ansiosa o cumprimento da promessa do retorno do Senhor. Você e eu vivemos com "o que é", mas temos a promessa "do que deverá ser". E no intervalo está o tempo da espera.

Portanto, você pode afligir-se, preocupar-se e agitar-se, ou então pode revestir-se de paciência (Cl 3.12). Qual das duas opções você prefere? Peço que você escolha fazer o que Deus diz: "Aquietem-se [tenham paciência] e saibam que eu sou Deus! [o Senhor que vai voltar e o Juiz que de fato está junto à porta]" (Sl 46.10).

Luz da oração

Senhor, estou tomando a decisão de aquietar-me e confiar em tua promessa. Hoje é difícil, mas vou esperar que a chuva do teu amor caia sobre mim. Vou aguardar com esperança que tua graça me mostre o caminho que desejas que eu tome.

Lysa TerKeurst

Eu já não amo meu marido

Honrem o casamento e mantenham pura a união conjugal.

Hebreus 13.4

Fiquei triste ao ouvir o que minha amiga me confidenciava. Ela estava cansada de seu marido e, como havia encontrado o homem com quem sonhava viver, deixaria seu esposo. A decisão dela me chocou.

Eu tinha ido a seu casamento. Tinha estado com eles em seu primeiro aniversário de casamento, logo após o nascimento do primeiro e do segundo filho. Havia compartilhado risos, encorajado o casal em momentos difíceis.

Ainda que o relacionamento não fosse perfeito, eles se amavam. Mas algo se rompeu e nenhum dos dois sabia como consertar o estrago. Essa ruptura provocou um silêncio amargo, que se infiltrou na casa e levou cada um a sentir-se mais só e mais isolado do que jamais poderia ter imaginado. Ele se tornara distante. Ela se sentia frustrada. A vida era sempre atarefada e a situação financeira se tornara angustiante, e eles já não achavam tempo para as conversas românticas, antes tão gostosas. Antes eles uniam forças e sentiam-se capazes de enfrentar qualquer coisa. Agora apenas lutavam entre si. Então ela conheceu um homem atencioso, financeiramente estável, que parecia corresponder a seus anseios insatisfeitos.

Ela trocou sua vida pela emoção de algo novo, a sedução de algo que ela acreditava que seria muito melhor.

Mas, apenas dois anos mais tarde, encontrei-me por acaso com essa amiga e fiquei atônita ao ouvir sua confissão. Com lágrimas nos olhos, ela admitiu ter descoberto que contos de fada não existem. No começo, todos os relacionamentos parecem emocionantes, mas depois vem a vida real, e o casamento é uma árdua tarefa, não importa com quem você esteja casada. Quando lhe pedi que me falasse sobre seu novo marido, ela sorriu timidamente e disse: "Bem, ele é cabeludo".

O quê?

O que foi que ela acabou de dizer? Minha cabeça ficou zonza. Entre todas as palavras, entre todas as descrições, entre todos os termos românticos que eu esperava ouvir dela, "cabeludo" estava longe de constar na lista. Que revelação! O homem antes considerado tão irresistível, por quem ela trocara tudo, estava agora reduzido a uma única palavra: cabeludo!

Estou convencida de que no casamento a grama não é mais verdinha do outro lado da cerca. Ela é mais verdinha onde você a rega e espalha fertilizante.

Luz da oração

Senhor, peço-te, por favor, que ajudes meu marido e a mim a enxergarmos o casamento como o presente sagrado que é. Que eu sempre entenda que o casamento não tinha a finalidade de me fazer feliz, mas, sim, consagrada. O casamento tem menos a ver com o fato de ter o parceiro certo, e mais com o fato de ser a parceira certa. Transforma-me na esposa da qual meu marido não só precisa, mas também merece. Ajuda-me a fazer uma pausa antes de falar ou reagir movida por raiva, frustração ou egoísmo. Mostra-me como respeitar e amar esse homem doando-me a ele de um modo que honre a ti e traga alegria para a nossa casa.

Stormie Omartian

A espera nos bastidores

Mas os que confiam no Senhor renovam suas forças; voam alto, como águias. Correm e não se cansam, caminham e não desfalecem.

Isaías 40.31

Você já teve a sensação de estar aguardando nos bastidores o início da próxima cena de sua vida? Você espera que as luzes do palco se acendam e a cortina suba. O primeiro ato talvez tenha transcorrido suavemente, mas a essa altura você já teve um longo intervalo e começa a se perguntar se o segundo ato vai mesmo começar.

Descobri que a melhor forma de ver esses momentos é pensar neles como um tempo de espera no Senhor. Tente e verá que é muito mais fácil esperar no Senhor que ter paciência com as circunstâncias, pois sentirá que algo está acontecendo, ainda que não consiga ver o que é.

Mesmo que não pareça ser assim, enquanto caminha com o Senhor, você está avançando para algum ponto estabelecido no plano de Deus. E o propósito dele sempre se realiza. Mas você precisa ter paciência e esperar que ele o realize a seu modo e em seu tempo.

Fui atriz de teatro durante anos. O diálogo e as marcações cênicas eram fixos, de modo que todos os membros do elenco faziam o mesmo repetidamente, noite após noite. Os mesmos trajes, diálogos, acessórios no palco, as mesmas ações. Poderia ser uma experiência tediosa por repetir os mesmos gestos até o final da peça. Mas não era o que sentíamos, e por uma boa razão. A plateia era sempre diferente.

Representávamos para novos ouvidos e novos olhares a cada noite, o que mantinha a novidade da peça também para nós.

Se você tem a sensação de estar repetindo os mesmos gestos em sua vida, não se deixe tomar pela frustração. Saiba que as misericórdias de Deus se renovam para você a cada manhã e, por isso, Deus também ouve como novidade as palavras que lhe dirige. Não existe o que se possa chamar de oração velha. Cada oração que você faz tem em si nova vida toda vez que a repete. Todo dia você tem outra oportunidade de afetar seu futuro com as palavras que dirige a Deus. Mesmo que não veja os resultados com a rapidez desejada, muitas coisas estão acontecendo no reino espiritual que você não enxerga. Cada oração põe alguma coisa em movimento.

Paciência não é resignação. É alegre antecipação da glória que lhe é reservada. Os atores usam o tempo que antecede o início do espetáculo para concentrar-se e preparar-se para o que vem depois. Enquanto você aguarda o início da próxima cena de sua vida, concentre-se no Senhor, diga-lhe que você está contente à espera de seu perfeito cronograma.

Luz da oração

Senhor, deposito minha esperança em tua Palavra. Enche-me de novo com teu Espírito Santo e desfaz minha ansiedade ou dúvida. Ilumina com teu holofote os cantos escuros de minha alma. Percebo que, mesmo quando minha vida parece estagnada, se permaneço junto a ti, avanço no caminho que me reservas. Ajuda-me a descansar em ti e a crescer no entendimento de teus caminhos. Fortalece minha fé.

Jennifer Rothschild

Uma oração para todas as ocasiões

Que as palavras da minha boca e a meditação do meu coração sejam agradáveis a ti, S*ENHOR*, *minha rocha e meu redentor!*

SALMOS 19.14

Como gosto desse versículo! É um dos meus preferidos, não só porque ainda consigo ouvir minha avó citando-o, mas porque há muitos anos faço uso dele em minhas orações. Ele é incrivelmente prático, pois considero-o *padrão* de nossa conversa (agradável a ti) e *fonte* dela (minha rocha e meu redentor).

Nosso padrão para as palavras que proferimos em voz alta ou em silêncio não é apenas o que é aceitável para nós, mas o que é aceitável para Deus. Para nós, nossa conversa íntima pode parecer excelente. Mas imagine o Deus do Universo, ou Jesus, filho dele, sentado em sua sala de visitas ouvindo você, sozinha, dirigir a si própria as mesmas velhas palavras destrutivas. Você ainda diria isso em seu íntimo? Teria falado consigo do mesmo jeito se soubesse que ele estava ouvindo?

A propósito, Deus *de fato* ouve suas palavras e seus pensamentos. Cada um deles (cf. Sl 55.17; 94.9). Ele ouve o que nenhuma pessoa é capaz de ouvir. E se interessa pelo que você diz a si mesma porque se interessa por *você*. Ele é seu pai, aquele que a criou. Insultar-se é insultá-lo. Se você tivesse certeza de que ele está ao seu lado ao longo das horas do dia (e ele está), muito provavelmente manteria seus pensamentos íntimos trancafiados no armário! Eu nunca empregaria palavras insultantes em relação a mim mesma se pudesse ver Deus exatamente ao meu lado, observando-me com atenção.

Ver Deus dentro do armário de nossos pensamentos nos fornece um padrão de conversa com a alma. Mas, em nossa fraqueza, muitas vezes precisamos de um pouco de ajuda na escolha e no controle dessa conversa íntima. Deus não é apenas o padrão dessa nossa saudável conversa, ele também pode ser sua fonte.

O salmista chamou Deus de sua rocha e seu redentor. Em outras palavras, Deus era a fonte na qual o salmista podia abastecer-se de palavras e pensamentos sábios. Ele pode nos fortalecer para controlar os lábios. Portanto, quando se sentir fraca, recorra à fonte: a força dele.

Permita-me desafiar você a memorizar Salmos 19.14, se é que você já não o fez. Medite sobre esse versículo durante o dia. Ele se tornará uma espécie de papel de parede que revestirá seu armário de pensamentos! Manterá diante dos olhos de sua mente o padrão e a fonte da sábia conversa de sua alma.

Luz da oração

Pai, obrigada porque tu estás sempre disposto a me fortalecer em minha fraqueza. Que o armário de meus pensamentos sempre seja revestido de tua Palavra, que me dá forças e disposição para continuar em frente. E, com isso, que as palavras da minha boca e a meditação do meu coração sejam agradáveis a ti, Senhor, minha rocha e meu redentor!

Emilie Barnes

Suas mãos estendidas

Foi desprezado e rejeitado, homem de dores, que conhece o sofrimento mais profundo.

Isaías 53.3

A rejeição pode machucar tanto, que a gente sente vontade de morrer. Todas nós já a experimentamos em algum momento da vida, talvez provocada por alguém de quem gostávamos muito: pais, marido, algum filho, irmão, ou talvez todos eles juntos.

A dor da rejeição é enorme, mas podemos superá-la. Sim, há vida após a rejeição. O próprio Jesus provou-a. Se alguém conheceu essa dor, esse foi Jesus. Seu próprio povo, a quem ele veio salvar e ensinar, foi quem o pregou na cruz (cf. Jo 1.11).

Minha família, judaica, queria que eu me casasse com alguém de minha crença. Mas, aos dezesseis anos, meu Bob me apresentou a Cristo. Alguns meses mais tarde, Bob e eu estávamos noivos, e oito meses depois nos casamos. Minha família, a quem eu amava, rejeitou-me por minha adesão a Jesus e por minha decisão de me casar com o jovem cristão que eu amava.

Deus honrou meu coração e minha fidelidade a ele. Minha família aprendeu a amar meu Bob como eu o amo, e nossa família foi restaurada. Isso não aconteceu tudo de uma vez. A dor em meu coração era grande, mas pouco a pouco a poderosa força de Deus predominou e a paz tomou conta de meu coração. Perseverei e continuei amando minha família, mesmo quando era difícil amar suas atitudes e zombarias. Hoje sou grata por ter confiado em Jesus.

Isaías profetizou que o Messias seria desprezado e rejeitado pelos homens; no entanto, isso não suavizou nem um pouco a experiência de Jesus. E, para piorar as coisas, ele se sentiu rejeitado pelo próprio Pai (cf. Mt 27.46).

Mas, em meio a toda essa rejeição, Jesus nunca abandonou a missão que Deus lhe atribuíra. Nunca reagiu contra os que o rejeitaram. Como reagiu? Com amor, amor até mesmo por aqueles que o crucificaram.

Você acha que o Senhor sabe como você se sente? Pode apostar que sim! E o Senhor Jesus lhe oferece sua força. A Bíblia diz que ele se compadece de nossa fraqueza e oferece sua graça para nosso tempo e nossa necessidade. Quando Jesus sofreu na cruz, ele suportou nosso castigo por nós. Pagou o preço de nossos pecados. Depois ele nos fez uma promessa: "Não o deixarei, jamais o abandonarei" (Hb 13.5). O que quer que aconteça, Deus jamais a rejeitará. Você nunca mais estará sozinha. Você pode vir a ser rejeitada por outros, mas lembre-se de que o Deus onipotente estará sempre presente para confortá-la. Sua mão está estendida para você. Tudo o que precisa fazer é colocar sua mão na dele. Deixe que a força dele, hoje, lhe dê poder.

Luz da oração

Deus Pai, tu conheces a rejeição muito melhor que eu. Peço-te que me toques quando eu for rejeitada (ou quando me sentir assim) e que me alivies a dor. Por favor, faz-me sensível nas ocasiões em que eu rejeitar alguém. Tu sabes que não quero ferir os sentimentos das pessoas. Protege minha língua, minha expressão corporal e minhas atitudes; que elas possam curar, e não rejeitar.

Lysa TerKeurst

A faixa no meu peito

Mas o Espírito produz este fruto: amor, alegria, paz, paciência, amabilidade, bondade, fidelidade, mansidão e domínio próprio.

GÁLATAS 5.22-23

Eu mal havia ocupado meu assento quando notei uma linda jovem embarcando no avião. Era alta, esbelta e dona de um sorriso lindo. Trajava *jeans* e uma blusa informal, nada que a fizesse destacar-se até ela se aproximar o bastante para que eu pudesse ler a faixa cruzada em seu peito. "Miss USA" lia-se em letras cintilantes.

Meu primeiro pensamento foi: "Que legal! Uma Miss USA de carne e osso". Lembranças de mim e de minhas irmãs ainda garotinhas, de olhos grudados na televisão, passaram-me pela cabeça. Escolhíamos uma preferida, torcíamos por ela durante todo o desfile e ríamos e posávamos como se estivéssemos sendo coroadas.

Quando as pessoas notaram a faixa da Miss USA, começaram a fazer perguntas e a parabenizá-la. Quando a comissária anunciou que embarcara em nossa aeronave a Miss USA, os passageiros bateram palmas e a ovacionaram. Ela aceitou tudo com naturalidade e até pareceu ligeiramente tímida diante de toda aquela atenção. Isso me impressionou mais que seu título. Um espírito gentil e humilde diante de tanta notoriedade é algo digno de admiração.

Depois que todo o alvoroço se acalmou, comecei a pensar sobre as faixas que usamos todos os dias. Embora não apareçam cruzadas no peito e não mostrem letras cintilantes, todas nós dizemos algo sobre quem somos em nossa simples expressão facial e em nossa interação com as pessoas. Gálatas 5.22-23 revela-nos o que deveria estar escrito em nossa faixa: amor, alegria, paz, paciência, amabilidade, bondade, fidelidade, mansidão e domínio próprio. A Bíblia chama essas qualidades de fruto do Espírito, o que significa que ele comprova que somos cristãs. Apesar de não sermos aplaudidas como celebridades, as pessoas notarão a diferença que faz o fato de termos em nós o Espírito de Deus se esse fruto caracterizar nossa interação com elas.

É importante entender que a exemplificação desse fruto é uma escolha que devemos fazer todos os dias. Assim como a Miss USA deve deliberadamente vestir sua faixa, devemos exemplificar esse fruto. Devemos fazer nossa escolha em cada momento, em cada interação, em cada palavra, passo a passo, dia após dia. Quando dou passagem a um motorista, quando agradeço, sorrindo, à atendente do supermercado, quando cedo meu lugar numa fila, quando dou uma resposta amável a alguém que foi rude comigo, quando seguro a porta para uma pessoa idosa, estou escolhendo, deliberadamente, exemplificar Cristo.

Embora o mundo possivelmente nunca venha a me aplaudir ou me cobrir de honrarias, imagino Jesus sorrindo e talvez até me aplaudindo.

Luz da oração

> Senhor, que a prova de meu amor por ti seja a faixa que visto todos os dias. Não para chamar atenção para mim, mas para que eu leve as pessoas a desejarem saber o que me faz diferente. Eu te amo, Jesus, e quero falar de ti ao mundo inteiro, empregando palavras apenas quando for necessário.

Sharon Jaynes

... E o vento levou

Feliz é quem confia no Senhor*, cuja esperança é o* Senhor*. É como árvore plantada junto ao rio, com raízes que se estendem até as correntes de água. Não se incomoda com o calor, e suas folhas continuam verdes. Não teme os longos meses de seca, e nunca deixa de produzir frutos.*

Jeremias 17.7-8

Era o relançamento do filme *... E o vento levou*. Steven nunca tinha visto aquele drama épico. Então, apanhamos nossa pipoca e nos acomodamos para desfrutar de um pouco de história. O longa-metragem, baseado no romance da escritora americana Margaret Mitchell, narra a saga de Scarlett O'Hara, uma mulher decidida e rebelde, que sobrevive à guerra civil nos Estados Unidos e luta para proteger sua família e reconstruir sua terra, enquanto tem relacionamentos amorosos bastante complicados.

Vimos os grandes proprietários do lendário sul dos Estados Unidos promovendo grandes festas e Scarlett O'Hara piscando para todos os homens que se apinhavam ao seu redor. O cenário mudou quando eclodiu a guerra civil e o lendário sul começou a ruir. Scarlett enviuvou (duas vezes), e Rhett Butler tentou salvar a situação.

Depois de aproximadamente duas horas, lá estava Scarlett de pé numa colina. Tendo às costas Atlanta em chamas, ela erguia contra o céu um punho raivoso e declarava: "Que Deus seja minha testemunha, nunca mais passarei fome".

Então caiu o pano.

Steven me olhou, com olhar de surpresa, e disse: "Que final estranho!".

Chamei atenção dele para a tela, onde estava escrito "Intervalo".

Você já se sentiu como Scarlett? Seu plano acaba consumido pelo fogo, seus amigos a abandonam e você tem saudade das doçuras da vida? Acho que os produtores do filme tiveram uma boa ideia. Talvez *nós* precisemos ter um intervalo: respirar fundo, focar novamente em Deus e lembrar que ele ainda não concluiu o grandioso drama de nossa vida. Lembre-se: não há nada que esteja fora do conhecimento do Senhor: "Sabes quando me sento e quando me levanto; mesmo de longe, conheces meus pensamentos. Tu me vês quando viajo e quando descanso; sabes tudo que faço. Antes mesmo de eu falar, SENHOR, sabes o que vou dizer. Vais adiante de mim e me segues; pões sobre mim a tua mão" (Sl 139.2-5).

Talvez estejamos apenas em um intervalo.

Luz da oração

Pai amado, sei que me acompanhas a cada segundo de minha vida e que sabes tudo o que sinto, penso e faço. Sei que estás atento a cada momento difícil da jornada. Por isso, tenho certeza de que sabes quanto preciso de intervalos para me recompor. Minha paz vem de saber que jamais me deixas só ou ficas indiferente, seja no calor das dificuldades ou na brisa fresca dos momentos de intervalo. Obrigada, Senhor.

Sharon Jaynes

Mensagens cruzadas

E, assim, bênção e maldição saem da mesma boca. Meus irmãos, isso não está certo!

Tiago 3.10

Catherine e eu saímos para uma tranquila caminhada pelo bairro um pouco antes do anoitecer. Quando chegamos de volta à sua casa, ela me convidou para entrar e, quando dei por mim, já eram quase dez horas da noite.

Liguei para meu marido, certa de que ele estava preocupado. Quando ele não atendeu o telefone, deixei-lhe esta mensagem: "Steve, liguei para lhe dizer que estou na casa da Catherine. Achei que você estivesse preocupado, mas pelo visto você nem está se importando, porque não atendeu o telefone!". Desliguei. Esqueci-me completamente da orientação bíblica: "Que suas conversas sejam amistosas e agradáveis, a fim de que tenham a resposta certa para cada pessoa" (Cl 4.6).

Sentindo-me um tanto desapontada por isso, fui me despedindo. Mas com quem me encontrei na volta para casa? Com o meu preocupado marido rodando de bicicleta feito um doido à minha procura. Quando chegamos em casa, apaguei rapidamente a mensagem que havia deixado na secretária eletrônica.

Algumas semanas mais tarde, Steve me ligou do trabalho.

— Sharon, você ouviu a secretária eletrônica recentemente?

— Não, por quê?

— Bem, acho que tem lá uma gravação que você precisa ouvir.

Usei meu celular para ligar para o telefone fixo lá de casa e ouvi o seguinte: "Alô! (Era a voz de uma doce mocinha sulista), você entrou em contato com a residência dos Jaynes. Não podemos atender no momento... (Entra a voz de Cruella de Vil): Liguei para lhe dizer que estou na casa da Catherine. Achei que você estivesse preocupado, mas pelo visto você nem está se importando, porque não atendeu o telefone! (Volta a voz da doce mocinha sulista.) Ao ouvir o sinal, deixe seu número e entraremos em contato com você assim que for possível". *Bip.*

A companhia telefônica explicou que a descarga elétrica de um raio havia misturado a mensagem.

"Senhor, isto é muito embaraçoso", orei.

"É mesmo", concordou ele.

Está bem, Senhor, captei a mensagem.

Infelizmente, muitas outras pessoas também a captaram.

Luz da oração

Pai, muitas vezes ajo impulsionada por sentimentos negativos e agressivos, e, assim, acabo enfiando os pés pelas mãos. Perdoa-me, Senhor! Sei que devo falar de forma agradável e, mesmo nos momentos de furor, controlar-me, para não magoar as pessoas e não me arrepender depois. Peço que teu Espírito Santo sempre me lembre de que devo ter cuidado com o que falo e que, se eu me exceder, seja levada a perceber meu erro, me arrepender e consertar qualquer estrago que tenha provocado.

Elizabeth George

Seja generosa

A viúva incluída na lista para receber sustento deve ter pelo menos sessenta anos e ter sido esposa de um só marido. Deve ser respeitada pelo bem que praticou, como alguém que soube criar os filhos, foi hospitaleira, serviu o povo santo com humildade, ajudou os que estavam em dificuldade e sempre se dedicou a fazer o bem.

1TIMÓTEO 5.9-10

Como uma mulher pode ter certeza absoluta de que sua vida teve algum valor? A leitura bíblica de hoje nos apresenta uma lista para verificar se seu caráter é piedoso ou se sua vida conta com boas obras. Vamos rapidamente identificar quais são os padrões para aquelas que, como você e eu, desejam ardentemente levar uma vida piedosa e útil.

Embora Paulo apresente as qualidades de uma viúva honrada, podemos ver nessa descrição um modelo para cada mulher, em qualquer fase ou situação da vida. Pense nos atributos dessa mulher. Como você se encaixa nesse modelo?

Esposa de um só marido: Você honra e respeita seu marido?

Respeitada pelo bem que pratica, como alguém que soube criar os filhos: Se você é mãe, considera esse papel privilegiado como prática do bem? De fato é!

É hospitaleira: Você recebe bem amigos e estranhos em sua casa?

Serve o povo santo com humildade: Você se mostra humilde nas tarefas domésticas, no trabalho, na igreja e em sua comunidade?

Ajuda os que estão em dificuldade: Você estende a mão para ajudar? Quem pode contar com sua ajuda? Que tal uma mãe solteira que poderia usufruir uma tarde livre se você cuidasse do filho ou filha dela? Você conhece alguma pessoa enferma ou solitária que pode se beneficiar de uma visita sua?

Dedica-se a fazer o bem: Você procura maneiras de servir e as põe em prática, fazendo o bem?

Procurar a piedade significa procurar todos esses atributos. Esse tipo de objetivo piedoso está no topo da lista de suas atividades diárias?

Eu poderia alongar-me muito mais, exaltando os versículos mencionados e o significado deles para mim, como mulher. Eles constituem o que eu chamo de "passagens cor-de-rosa" da Bíblia, uma das seções da Palavra de Deus que explicita para mulheres "segundo o coração dele" (cf. 1Sm 13.14) o que exatamente significa ser uma "mulher virtuosa" (cf. Pv 31.10-31). Em 1Timóteo 5.10 nos são mostradas especificamente as prioridades de Deus, o padrão e o plano de Deus para nossa vida de cada dia: criar filhos, ser hospitaleira, servir o povo santo com humildade, ajudar os que estão em dificuldade e dedicar-se sempre a fazer o bem. Deus nos chama para uma vida de serviço.

Examine o que você anda fazendo. Em que áreas você se destaca? Em que áreas poderia melhorar? Ore por isso, dedicando-se a Deus e ao serviço em nome dele. Há bondade e piedade numa vida de serviço em prol dos outros.

Luz da oração

Senhor, quero que minha vida seja significativa. Que minha missão e visão sejam: servir a ti e aos outros e praticar o bem com entusiasmo e sinceridade.

Kay Arthur

Palavras de encorajamento quando você já não aguenta mais

E esse mesmo Deus que cuida de mim lhes suprirá todas as necessidades por meio das riquezas gloriosas que nos foram dadas em Cristo Jesus.

FILIPENSES 4.19

O que você está procurando e não consegue encontrar? Do que você precisa? O que você almeja? Que vazio não está sendo preenchido?

Você acha que outro ser humano pode conseguir isso? Acha que se você simplesmente tivesse a pessoa certa, o relacionamento certo, as coisas seriam diferentes? Alguém com quem você se sentisse segura, alguém que não a decepcionasse nem a abandonasse, alguém que a entendesse e sempre estivesse disponível para você, alguém que pudesse sustentá-la?

Pensando assim, você vai simplesmente continuar sendo carente e insatisfeita.

O que você precisa é de um Feliz Natal e um Próspero Ano Novo! Você precisa do relacionamento que o Natal pode proporcionar. Você precisa de Jesus, Deus encarnado, o único capaz de lhe dar acesso ao Pai. Um Pai que não apenas promete suprir todas as suas necessidades por meio de Jesus Cristo, seu Filho, mas que é capaz disso e está disposto a fazê-lo. Paulo nos garante isso em Filipenses 4.19.

"Mas onde entra o 'Próspero Ano Novo' nessa história?", você pode perguntar-se. "Por que associar um 'Feliz Natal' com um 'Próspero Ano Novo'?"

Porque isso é o que pode lhe acontecer, se acreditar e abraçar essa verdade em seu sentido pleno. Seu ano pode ser e será diferente. Seu modo de ver a vida pode ser e será radicalmente transformado. É claro que as circunstâncias podem não mudar, os relacionamentos humanos que você quer tanto alterar talvez permaneçam iguais, mas será um ano novo para você porque não dependerá de outro ser humano para satisfazer suas necessidades; você vai esperar em Deus. Ele nunca falha. Não pode falhar porque ele é Deus.

Você já parou para pensar que tudo o que está vivendo agora, todos os vazios, todos os desejos insatisfeitos, foi permitido por um Deus soberano a fim de atraí-la para aquela única fonte que intimamente pode satisfazê-la?

Se você é filha de Deus e tem andado infeliz, insatisfeita ou sentindo-se incapaz de lidar com sua situação, isso se deve ao fato de você ter abandonado a cruz.

A vida está ali, na cruz, não em outro lugar.

A paz está ali, na cruz, em nenhum outro lugar.

O propósito está ali, na cruz, onde você descobre a razão de sua vida.

Se sua felicidade se limita a agradar a Deus, a fazer a vontade dele, a servir seus propósitos, ninguém, exceto você mesma, pode lhe tirar sua felicidade. Jesus será sua alegria, e a alegria do Senhor será sua força (cf. Ne 8.10).

Luz da oração

Ó, Deus, quero me aproximar mais e mais da cruz, pois minha alegria está em teu Filho unigênito. És um Deus amoroso que nunca falha. Ajuda-me a jamais esquecer-me disso. Quando me distanciar de ti, puxa-me para junto da cruz, onde encontro vida, e não morte.

Stormie Omartian

Deixando o passado para trás

Esqueçam tudo isso, não é nada comparado ao que vou fazer. Pois estou prestes a realizar algo novo. Vejam, já comecei! Não percebem? Abrirei um caminho no meio do deserto, farei rios na terra seca.

Isaías 43.18-19

Durante os primeiros trinta anos de minha vida, lutei contra o sentimento de que nunca seria nada além de uma fracassada. Só depois de entregar meu passado ao Senhor é que consegui me ver como uma filha de Deus, criada para *seus* propósitos, e não uma nulidade.

Meu maior obstáculo para abandonar o passado era o rancor em relação a minha mãe pelos abusos que sofri em suas mãos. Ela apresentava problemas mentais e os enfrentava trancando-me num guarda-roupa durante a maior parte da minha primeira infância. Mesmo sendo ela verbal e fisicamente abusiva, o guarda-roupa foi o que mais me afetou.

Quando me tornei adulta, ainda me sentia emocionalmente trancada em um guarda-roupa. Só depois de conhecer o Senhor e buscar ajuda com um terapeuta cristão para curar a depressão, é que fui solicitada a reconhecer e confessar o rancor que nutria por minha mãe. À medida que cada camada de rancor ia sendo removida, eu me tornava mais e mais livre das feridas e das cicatrizes do passado.

Para abandonar o rancor, precisamos largar tudo, exceto a mão de Deus. Isso significa liberar o que deve ser liberado e aceitar o que deve ser aceito. Até mesmo o que nos aconteceu ontem precisa ser entregue a Deus, para que esse incidente não ponha em risco o nosso futuro.

Se há coisas em sua vida sobre as quais você pode exercer o poder de escolha e, no entanto, insiste em fazer repetidamente a escolha errada, é provável que, de algum modo, esteja vivendo no passado. Mas, ao entregar seu passado ao Senhor e dispor-se a perdoar-se e às pessoas ligadas a esse passado, Jesus pode libertá-la. Isso significa dirigir-se a ele sempre que for tentada ou atormentada pelo problema, pedindo-lhe que a ajude a avançar passo a passo. Quando caminhamos com o Senhor, cura, libertação e crescimento estão presentes em nossa vida.

Uma das descrições de luz é revelação. Portanto, quando precisar que Deus lance luz sobre algo, peça-lhe uma revelação. Não fique sentada na escuridão do passado quando Deus estabeleceu para você, no presente, um caminho iluminado pela luz do perdão e da revelação divina.

Luz da oração

Senhor, entrego-te meu passado, minhas memórias negativas, e peço que me cures completamente, de modo que elas já não me firam e controlem. Entrego-te meus fracassos passados em relação a (mencionar o problema recorrente). Mesmo que não consiga resistir totalmente à atração de certas coisas sobre mim, sei que podes libertar-me.

Confesso qualquer rancor remanescente do passado e desobrigo as pessoas associadas a ele. Perdoo especificamente (nome da pessoa). Cura e restaura nosso relacionamento. Concede-me tua revelação e mostra-me como abandonar a sombra do passado e ingressar na luz que me reservas.

Lysa TerKeurst

Agradeça a Deus por aqueles calçados "cheirosos"

Façam tudo sem queixas nem discussões.

FILIPENSES 2.14

Ao longo de meu percurso de mãe, quantos pares de calçados vou recolher e guardar, só para depois os recolher e guardar de novo... e de novo... e de novo?

Certa vez, de onde estava, pude contar mais de catorze pares de sapato dentro do meu campo de visão. Senti uma grande frustração por não estarem onde deveriam. Então minha mente começou uma dança de esquemas de tarefas e penalidades para quem deixasse coisas fora do lugar. Cheguei até a pensar que essa desordem toda era mais uma prova de que meus filhos não são agradecidos como deveriam. Crianças realmente gratas por seus calçados cuidariam deles, até mesmo guardando-os.

Mas, enquanto repreendia mentalmente meus filhos por sua ingratidão, senti que Deus me endereçava o quinhão de censura que me cabia. Eu estava sendo um exemplo de gratidão nesse exato momento? Calçados espalhados pela casa são algo normal do dia a dia e envolvem um tesouro oculto. O que vai determinar se devo sentir-me esgotada e frustrada ou, realizada e agradecida é como escolho enxergar esses calçados.

Fiz uma pausa e agradeci a Deus por essa prova de vida. Havia barro e grama na sola de alguns calçados, o que era uma prova de que nossos filhos são sadios e fortes o suficiente para correr e brincar. Alguns exibiam marcas de dentadas do nosso cão, Champ, que adora correr atrás de crianças, bolas e sapatos perdidos. Um dos pares mostrava marcas de tinta resultantes de um projeto da escola. Mas todos estavam bem gastos, bem amaciados e, sem dúvida, bem usados.

Assim, em meu percurso de mãe, aqui estou eu em meio a chuteiras, sapatinhos de princesa, tênis de basquete, botas e sapatilhas de ginástica. É engraçado ver como esses calçados contam histórias de vida, se eu simplesmente me predispuser a escutá-las. Partidas esportivas vencidas ou perdidas, fantasias de menina, sonhos para o futuro, conforto caseiro e expressões de estilo.

Talvez você também já tenha se sentido um pouco frustrada vendo calçados espalhados pela casa. Mas na próxima vez que você os recolher, em vez de deixar-se dominar pela frustração, ouça atentamente a história que eles têm a contar. Ouça com atenção e agradeça a Deus por todas e cada uma das preciosas criaturas que usam esses calçados.

Luz da oração

Senhor, obrigada pelas pessoas preciosas que me confiaste e que me chamam de mãe. É uma grande honra. Que minhas ações e reações reflitam aquela delicada paciência que, sei, só é possível com tua ajuda. Quer se trate de brinquedos esquecidos pelo quarto deles, folhas de papel com tarefas escolares espalhadas sobre a mesa, quer calçados "cheirosos" junto da porta, ajuda-me a ter, antes de mais nada, uma atitude de agradecimento, vendo nisso tudo uma prova de vida. Depois, se com teu Espírito Santo puder lembrar meus filhos, de vez em quando, que eles devem guardar suas coisas em seus devidos lugares, isso também seria ótimo!

Kay Arthur

Palavras de graça quando você se sente tentada a agradar aos outros

Eu te glorifiquei aqui na terra, completando a obra que me deste para realizar.

João 17.4

Brevemente esta vida terrena vai terminar! E o que será importante, então, na eternidade?

Quão inteligentes, hábeis ou bem-sucedidas fomos? Quão amadas, apreciadas ou aplaudidas? O que possuíamos? O que realizamos? Quanto conquistamos?

Terá alguma importância o fato de termos sido atraentes ou feias, espertas ou confusas, ricas ou pobres, conhecidas ou desconhecidas?

Nenhuma!

Quando esta vida terrena chegar ao fim, nenhuma dessas coisas, que agora parecem tão importantes, fará qualquer diferença.

Uma única coisa será importante "naquele dia", a mesma que foi importante para Jesus quando seus 33 anos na terra chegaram ao fim: glorificar a Deus e completar sua obra (cf. Jo 17.4). Jesus sempre agradou exclusivamente ao Pai, não a si mesmo, à sua família, a seus amigos, à multidão

Quando "o dia do Senhor" chegar a única coisa que terá importância é que você e eu o glorificamos neste mundo e concluímos a obra que ele nos designou.

Glorificá-lo significa viver de tal modo que nossa vida realmente mostre quem ele é.

Uma de minhas fraquezas é procurar agradar aos outros, tentando preservar a felicidade de todo mundo. Preciso ter em mente que é a Deus que tenho de servir. Só ele deve ser meu Deus! Caso contrário, não estarei mostrando quem ele é de fato! Você já pensou sobre isso?

Outra questão: "Como vou saber o que é do agrado de Deus?".

A resposta é simples. Mas não tão simples. É simples no sentido de que conheceremos a vontade dele se aprendermos a nos encontrar com ele diariamente e a ouvir sua Palavra.

Portanto, primeiro devemos estar atentas ao que diz seu livro: a Bíblia.

Segundo, devemos procurar e pedir sua orientação; depois ficar em silêncio para que possamos ouvir sua voz.

Jesus costumava ficar sozinho com seu Pai. E é nesse ponto que a resposta à pergunta "como vou saber o que é do agrado dele?" deixa de ser tão simples.

Há tanto ruído, tanta pressão, há tantas pessoas que nos influenciam, que ficar sozinha, em silêncio, pode ser uma grande batalha. Mas essa batalha precisa ser vencida, do contrário, as coisas erradas assumirão importância, e não poderemos dizer que glorificamos a Deus na terra e completamos a obra que ele nos confiou. Se isso acontecer, nossa vida terá um sentido humano, e nunca seremos capazes de satisfazer nossa plateia humana.

Portanto, digamos como o salmista: "Ensina-me os teus caminhos, SENHOR, para que eu viva segundo a tua verdade. Concede-me pureza de coração, para que eu honre o teu nome. Ó SENHOR, meu Deus, de todo o meu coração te louvarei; glorificarei o teu nome para sempre" (Sl 86.11-12).

Luz da oração

Pai, quero saber sempre o que é do teu agrado. Para isso, sei que devo aprender a me encontrar contigo diariamente e a ouvir tua Palavra. Ilumina-me na leitura da Bíblia, para que eu ouça tua voz sem ruídos, e conduze-me na oração, para que eu possa ouvir tua voz.

Jennifer Rothschild

A fórmula

Uma vez que vivemos pelo Espírito, sigamos a direção do Espírito em todas as áreas de nossa vida.

Gálatas 5.25

Esta pergunta me foi feita muitas vezes. E também a faço a mim mesma, às vezes. Trata-se de uma pergunta sobre equilíbrio: "Como você, na condição de mulher, encontra equilíbrio em seu ministério?". A resposta está longe de ser simples.

Estive refletindo, orando e ouvindo palavras sábias de conselheiros, na tentativa de descobrir uma resposta fácil. Você sabe, uma fórmula. Talvez eu pudesse descobrir a proporção perfeita de respostas afirmativas e negativas a oportunidades fora de casa. Mas acabei concluindo que não existe uma fórmula. Uma comunicadora experiente me disse que ela se limita a ouvir Deus. Ele lhe diz com que frequência, quando e onde dar palestras e o que e quando escrever.

Eu sou uma pessoa muito intensa, que precisa mesmo receber um pouco mais de estrutura do Senhor. Preciso de algo que me permita fazer uma avaliação comparando horários e compromissos. Você sabe, um objetivo. Estou convencida de que, se não tiver nenhum alvo a atingir, vou acabar acertando exatamente isto: nada. Assim, minha busca me levou a percorrer as páginas da Escritura e me fez chegar a — você acreditaria? — uma fórmula. Ou será que é um objetivo?

Seja lá o que for, isso está em Miqueias 6.8. O texto diz, exatamente com estas palavras: "o Senhor já lhe declarou o que é bom e o que ele requer de você". Deus até divide o recado em três partes: "que pratique a justiça, ame a misericórdia e ande humildemente com seu Deus".

Para sermos equilibradas, precisamos *praticar a justiça*. Isso significa ter de dizer não, às vezes, para sermos honestas conosco, com a família e com Deus.

Para sermos equilibradas, precisamos *amar a misericórdia*. Ela requer perdão e tolerância. Amamos a misericórdia quando deixamos de lado nossa rigidez severa e celebramos o fato de que nenhuma de nós recebeu o que nossos pecados realmente merecem.

Para sermos equilibradas, precisamos *andar humildemente com nosso Deus*. Essa é a melhor parte do equilíbrio, porque nos colocamos na posição de seguir intimamente com Deus nossa jornada, sem atropelá-lo com nossa agenda. Apenas caminhamos com ele.

Mas às vezes perdemos o equilíbrio. Eu perco o equilíbrio, e isso se dá por culpa daquela desagradável palavra: *orgulho*. Claro que não me refiro a ficar impressionada comigo (embora saiba que sou capaz disso também). Refiro-me a estar agindo com o tipo de orgulho de quem tem pouco tempo para Deus e seus desígnios, porque ando ocupada na roda-vida da rotina. Isso não parece arrogância aos olhos de quem observa de fora, mas não representa um retrato de quem anda humildemente.

Luz da oração

Pai, tua Palavra nos ensina a manter o ritmo que tu determinas. Só assim alcançaremos o equilíbrio necessário para de fato fazer diferença. Mais que isso: obedecer à tua vontade e caminhar, humildemente, lado a lado contigo.

Emilie Barnes

A obra de nossas mãos

Faze prosperar nossos esforços, sim, faze prosperar nossos esforços.

SALMOS 90.17

Durante anos lutei com a ideia do valor do meu trabalho. Não tinha diploma universitário e era uma dona de casa com cinco filhos. Sentia-me sempre cansada, sem energia, até mesmo para namorar meu marido. Pensava muitas vezes: "Você não é grande coisa. Não tem uma carreira. Seu trabalho é banal. Qualquer uma pode fazer o que faz". Tenho certeza de que muitas mulheres se veem assim.

Durante esse período de minha vida, eu me envolvi num pequeno grupo de estudo da Bíblia com algumas senhoras piedosas que compartilharam conosco, as mais jovens, duas passagens da Escritura que mudaram minha vida.

Uma delas foi Provérbios 31, que fala sobre a mulher virtuosa, e outra foi Tito 2.4-5, que descreve o papel essencial de uma esposa como alguém que ama "o marido e os filhos". Essas duas passagens me deram os instrumentos de que precisava para estabelecer prioridades e papéis na tomada de decisões que determinam um estilo de vida. Logo percebi que todo esse conceito de trabalho e valor era muito complexo e que não existia uma resposta correta adequada a todas as situações. Percebi que cada mulher e cada família precisa determinar o que é melhor para si, com base em diretrizes bíblicas.

Analisando Tito 2.4-5, percebi que Deus queria que eu amasse meu marido e meus filhos. Isso me renovou as energias e minha atitude mudou. Passei a fazer tudo por amor, e não por obrigação.

A passagem de Provérbios 31 também me levou a perceber que a mulher hebraica ideal controlava muitas atividades fora de casa. Mas ainda assim ela continuava focada em seu marido, nos filhos e na casa. E até hoje preservo esse enfoque essencial nessa área da vida.

Foi só quando comecei a mudar meu foco que entendi que Provérbios 31.28-29 me dá minha bênção: "Seus filhos se levantam e a chamam de 'abençoada', e seu marido a elogia: 'Há muitas mulheres virtuosas neste mundo, mas você supera todas elas!'".

Quando meus filhos e meu marido se levantam e me elogiam, reafirmo que anos atrás fiz a escolha certa ao decidir amar meu marido e meus filhos. Sem dúvida sei que Deus fez prosperar meus esforços.

Luz da oração

> Pai, obrigada por me enviar, em minha tenra idade, mulheres como as descritas por Tito para me ajudar a enfocar a função de esposa e mãe. Hoje, diante de ti, tenho certeza de que tomei a decisão certa. Sei que muitas mulheres estão confusas em relação à sua função de mulher. Que elas, de alguma forma, compreendam esse conceito salvador de ser alguém que ama primeiro seu marido e seus filhos.

Elizabeth George

Viver de acordo com o Espírito Santo

Não se embriaguem com vinho, pois ele os levará ao descontrole. Em vez disso, sejam cheios do Espírito, cantando salmos, hinos e cânticos espirituais entre si e louvando ao Senhor de coração com música.

Efésios 5.18-19

Numa visita que fiz a minha cunhada, que é viúva, ficamos relembrando algumas das tiradas e piadas de meu irmão. Ele tinha um *slogan* ou lema para cada ocasião. Um deles eu empreguei hoje, enquanto me perguntava onde poderia comprar um determinado item. Seu *slogan* me orientou: "O lugar preferido deve ser o que você conhece".

Em nossas buscas cristãs, não estamos procurando um lugar para fazer compras, estamos procurando maneiras de viver como Jesus. Como filhas que caminham na luz, desejamos estar na presença e sob a influência do Senhor Jesus, permitindo que seu modo de pensar e de agir seja o nosso. Quando estamos sob a influência do Espírito de Deus, adotamos atitudes novas e piedosas.

Uma atitude de alegria e felicidade. Na igreja primitiva, os cristãos usavam palavras de encorajamento servindo-se de salmos musicados do Antigo Testamento. Eles também entoavam hinos e cânticos espirituais de louvor e davam testemunho pessoal. Vamos seguir o exemplo deles e mostrar nossa alegria quando participamos de um culto de adoração.

Uma atitude de agradecimento. Agradeça por sua salvação. Devemos ser fiéis, relembrando e compartilhando nossa história de antes e depois para inspirar as pessoas. Muitas delas, que creem, agradecem com alegria ao Senhor pelas coisas boas que lhes aconteceram na vida, mas Paulo nos diz que temos de agradecer por *tudo* (Ef 5.20). Vamos, pois, adotar um espírito de gratidão também quando sobrevêm contrariedades, sofrimentos e decepções.

Uma atitude de submissão. Jesus Cristo foi servo humilde, submisso a seu Pai. Queremos seguir seus passos em todos os nossos relacionamentos.

Afinal, qual é o cristão que não deseja agradar a Deus? Como disse Jesus: "Se vocês me amam, obedeçam a meus mandamentos" (Jo 14.15). Então, como você pode mostrar seu amor por Cristo? Paulo lhe dá a resposta no versículo de hoje: "sejam cheios do Espírito". Quando você escolhe obedecer à Palavra de Deus em sua caminhada, seu Espírito sempre lhe dará forças para louvar com um coração cheio de alegria, agradecer com um coração cheio de gratidão e respeitar as pessoas com coração dócil.

Você não se sente continuamente admirada por saber que o Deus do Universo habita em você e a orienta em todos os atos quando lhe submete sua vontade? Eu me sinto! Vá para o lugar que você conhece melhor: a presença de Deus, e abrace a alegria de sua salvação.

Luz da oração

Senhor, entrego-me plenamente a ti porque és fiel e todo-poderoso. Alegria jorra hoje no meu coração porque conheço teus mandamentos e teu amor. Alegremente te sigo de todo o coração.

Stormie Omartian

Paixão pelo presente

Este é o dia que o S*ENHOR* *fez; nele nos alegraremos e exultaremos.*

SALMOS 118.24

Caminhar com Deus significa viver cada momento com ele, no presente. Algumas pessoas vivem no passado. Outras, no futuro. E há as que não pensam nem no futuro nem no passado, vivendo apenas o presente. Precisamos achar um meio termo.

Como o futuro é determinado dia após dia, precisamos buscar diariamente a orientação do Senhor. Todos nós temos a capacidade de sair pela tangente. Basta apenas um pouco de presunção, uma pitada de satisfação pessoal e um ligeiro verniz de preguiça para já termos a receita perfeita para nos desviar do caminho certo.

Um dos principais propósitos para nossa vida é atuar como expansão da luz de Deus. Ele diz: "Da mesma forma, suas boas obras devem brilhar, para que todos as vejam e louvem seu Pai, que está no céu" (Mt 5.16). Quando expandimos a luz que recebemos, mais luz é acrescentada a nossa vida. "Deem alimento aos famintos e ajudem os aflitos. Então sua luz brilhará na escuridão, e a escuridão ao redor se tornará clara como o meio-dia" (Is 58.10).

Se em algum momento me sinto deprimida ou mergulhada nas trevas da autopiedade, peço a Deus que me mostre alguma maneira de irradiar sua luz divina para outros. Ele sempre me atende. Quando compartilhei coisas simples como um telefonema, uma mensagem bondosa, um toque, um pedido de desculpas, uma oração, um presente ou uma ajuda qualquer, sempre vi a luz se intensificar em meu caminho.

Assim como a luz da lua é um reflexo do sol, a luz que emitimos sobre os outros é um reflexo do Filho de *Deus*. Quando permitimos que a luz de Deus brilhe através de nós, ainda que nos sintamos imperfeitos nisso, ela não só brilha sobre os que nos cercam, mas também ilumina nosso caminho.

Então, vamos deixar nossa luz brilhar livremente. Vamos viver no presente, acreditando no que Deus diz. Se precisamos de cura, procuremos aquele que sabe curar. Se precisamos de provisões, recorramos ao nosso provedor. Se precisamos de sabedoria, consultemos aquele que é onisciente. Se precisamos de amor, recebamos o amor de Deus e o distribuamos àqueles que nos cercam. Não esperemos que a *vida* seja perfeita para começar a vivê-la. Não esperemos que *nós* sejamos perfeitos para começar a doar-nos. Não esperemos que os *outros* sejam perfeitos para começar a amá-los. A hora é agora.

Luz da oração

Senhor, quero que meu dia a dia te agrade. Ajuda-me a não ficar presa ao passado, nem tão voltada para o futuro que deixe escapar as riquezas do presente. Sei que só posso chegar ao futuro que me reservas caminhando passo a passo, conforme tua vontade. Ajuda-me a ir além de mim mesma e a tornar-me um vaso aberto através do qual tua luz possa brilhar. Concede-me tua sabedoria e tua revelação e mostra-me como manter-me no caminho que me reservaste. Capacita-me a abandonar o passado e manter um olho no futuro seguindo, hoje, a tua luz em meu caminho.

Autoras

Elizabeth George é autora do livro *Uma mulher segundo o coração de Deus* e também uma palestrante muito popular em eventos para mulheres cristãs. Ela e seu marido, Jim, têm filhos e netos e vêm atuando no ministério cristão há mais de trinta anos.

Emilie Barnes é apresentadora e autora de setenta livros. Emilie e seu marido, Bob, fundaram a organização More Hours in My Day (Mais horas no meu dia), que promove seminários sobre como utilizar o tempo.

Jennifer Rothschild é palestrante e autora de vários livros e de estudos. É fundadora da missão Fresh Grounded Faith (Fé recém-plantada) e da revista *on-line* para mulheres womensministry.net. É casada e tem três filhos.

Julie Clinton é presidente da missão Extraordinary Women (Mulheres extraordinárias) e autora do livro de mesmo nome. Mulher de profunda fé, dedica-se apaixonadamente a promover a concretização dos sonhos de mulheres por meio da descoberta de sua liberdade em Cristo. Julie e seu marido, Tim, moram na Virgínia com seus filhos Megan e Zach.

Kay Arthur é autora e venceu quatro vezes o prêmio Gold Medallion (Medalhão de Ouro). Junto com o marido, Jack, fundou a missão Precept Ministries International, que ensina a cidadãos de centenas de países a descobrirem a verdade de Deus.

Lysa TerKeurst é uma palestrante bastante conhecida nos EUA e autora premiada. Ela se apresentou em diversos programas, entre os quais *Focus on the Family* (Foco na família). Sua maior ambição é inspirar mulheres a dizerem *sim* a Deus e a participarem da aventura que ele lhes reservou. Ela e seu marido, Art, têm cinco filhos.

Sharon Jaynes é autora de vários livros para o público cristão feminino, entre os quais, *Surpreendida pela glória, Jesus e as mulheres* e *Cicatrizes*, todos publicados pela Mundo Cristão. Vice-presidente do Ministério *Provérbios 31*, participa de um programa de rádio que leva aconselhamento bíblico a milhões de ouvintes. É palestrante em eventos para mulheres e trabalha com o marido, Steve, no Conselho de Políticas para a Família da Carolina do Norte (EUA).

Stormie Omartian é a autora campeã de vendas da série *The Power of a Praying*® (O poder da oração). Ela já vendeu milhões de exemplares de seus livros, entre os quais, *O poder da esposa que ora, O poder da mulher que ora, A Bíblia da mulher que ora, O poder da oração no casamento, Escolha o amor* e *30 dias para tornar-se uma mulher de oração,* todos publicados pela Mundo Cristão. Stormie e seu marido, Michael, estão casados há mais de quarenta anos e têm dois filhos adultos.

Compartilhe suas impressões de leitura escrevendo para:
opiniao-do-leitor@mundocristao.com.br
Acesse nosso *site*: www.mundocristao.com.br

Equipe MC: Fernanda Rosa
Heda Lopes
Natália Custódio
Diagramação: Triall Editorial
Fonte: Minion Pro
Gráfica Imprensa da Fé
Papel: Pólen Soft 70 g/m² (miolo)
Cartão 250 g/m² (capa)